AF711136

El PODER SOBRENATURAL de una MENTE TRANSFORMADA

©2008 Editorial Peniel

Ninguna parte de esta publicación puede ser reproducida en ninguna forma sin el permiso escrito de Editorial Peniel.

Las citas bíblicas fueron tomadas de la Santa Biblia, Reina Valera 1960, a menos que se indique lo contrario. © Sociedades Bíblicas Unidas.

EDITORIAL PENIEL
Boedo 25
Buenos Aires, C1206AAA
Argentina
Tel. 54-11 4981-6178 / 6034
e-mail: info@peniel.com
www.peniel.com

Adaptación de cubierta y diseño de interior:
ARTE PENIEL • arte@peniel.com

Publicado originalmente en inglés con el título:
The Supernatural Power of a Transformed Mind by Destiny Image
Shippensburg, PA, USA
Copyright © 2005 by Bill Johnson
All rights reserved.

Johnson, Bill
El poder sobrenatural de una mente transformada - 1a ed. - Buenos Aires : Peniel, 2008.
176 p. ; 21x14 cm.
Traducido por: Lorena Diglio de Pier
ISBN 10: 987-557-205-5
ISBN 13: 978-987-557-205-8
1. Milagros. I. Diglio de Pier, Lorena, trad. II. Título
CDD 231.73

Impreso en Colombia / Printed in Colombia

El PODER SOBRENATURAL de una MENTE TRANSFORMADA

BILL JOHNSON

Peniel

BUENOS AIRES - MIAMI - SAN JOSÉ - SANTIAGO

www.peniel.com

Dedicatoria

Dedico este libro a mi padre, M. Earl Johnson, quien partió a casa para estar con Jesús en enero de 2004. Fue y sigue siendo mi héroe. Su dignidad en la vida solo fue superada por su dignidad en la muerte. La integridad que demostró en su ministerio público era la misma integridad que desplegaba en nuestro hogar. Caminó con humildad en medio de la oposición, y nunca se inclinó ante el temor del hombre. Esencialmente, fue un adorador. Como tal, valoraba la presencia de Dios más que el favor del hombre. A pesar de ello, fue muy honrado, como lo merecía. Fue un verdadero general en el ejército de Dios, y mi mayor alentador.

"Te amo, papá, y te extraño muchísimo. Sigo adelante con mi herencia espiritual, y seré fiel a tu legado".

Agradecimientos

Joel Kilpatrick, gracias por tomar mis transcripciones y hacerlas dignas de imprimir. "¡Eres maravilloso!"

Lance Wallnau, tus comentarios con respecto a "desear" y "colaborar" han tenido un gran impacto y aparecen en este libro. Gracias.

Judy Franklin, mi asistente administrativa, gracias por tu gran aliento, tu fiel servicio y tus maravillosos consejos. (Gracias también por ayudarme a encontrar las "puertas" correctas).

Un agradecimiento especial a mi equipo, es el grupo de evangelistas más maravilloso que jamás haya conocido. Solo la eternidad revelará el impacto completo de su estilo de vida lleno de sacrificios. Vivo en deuda con ustedes.

Mis hijos: Eric y Candace, Brian y Jenn, Gabriel y Leah, gracias por seguir adelante fielmente con el legado espiritual. Construyan su piso sobre mi techo y entrenen a mis nietos a hacer lo mismo. ¡Los amo enormemente!

Y finalmente, a mi madre, "la grandeza de papá solo puede ser igualada por la tuya. Gracias por demostrar el valor de la familia, la excelencia, la belleza e insistirme en que escribiera. Te amo muchísimo".

Comentarios

¡Este libro te meterá en problemas y te hará arder en llamas con una fe que cambia al mundo! ¡Increíble! ¡Peligroso en las manos de creyentes que creen –el contenido de este libro podría comenzar otra reforma– incluso mayor! ¡Despójate de la duda y la incredulidad y sumérgete en una vida de actividad sobrenatural centrada alrededor de un Dios sobrenatural!

Jim W. Goll
Encounters Network
Autor de *El vidente* y *El arte perdido de la confesión*

Los amantes radicales de Dios están hambrientos por experimentar la totalidad de lo que Él es. El libro de Bill Johnson El poder sobrenatural de una mente transformada te guía a una gloriosa participación en la naturaleza divina. De manera brillante, demuestra que nuestro destino divino es volvernos colaboradores con nuestro amado Señor. Si anhelas ver su Reino en la Tierra como en el cielo, el libro de Bill será una guía poderosamente inspiradora.

Heidi G. Baker, Ph. D
Directora y fundadora de Iris Ministries
Coautora de *There´s always enough*
Oradora en conferencias internacionales

"Bill, tuve la oportunidad de examinar tus dos libros en detalle (*El poder sobrenatural de una mente transformada* y *Cuando el cielo invade la Tierra*). Son un material extraordinario que me alientan muchísimo. Sí, somos seriamente dañados si no nos empeñamos intensa y completamente en recibir toda la gracia que nuestro Dios tiene para nosotros, y que ya ha sido pagada..."

> *Durante estos últimos días coloco mi esperanza en Jesús al no ser parte de los ciclos usuales de la historia de la Iglesia en los cuales el avivamiento viene y se va nuevamente. No miremos hacia atrás, y que Dios en su gracia nos permita edificar sobre todo lo que ya ha sido vertido. Eres parte vital de lo que Dios quiere hacer en este mundo.*

Rolland Baker, Ph. D.
Director y fundador de Iris Ministries
Coautor de *There´s Always Enough*
Orador en conferencias internacionales

¡Guau! Este libro nos lleva a otro nivel. Dios no solo desea que su Reino venga a la Tierra al igual que está en el cielo, sino que lo quiere hacer a través nuestro. Bill Johnson hace un trabajo maravilloso en este segundo libro al mostrar el plan de Dios para transformar nuestras mentes y así tener la mente del Reino para manifestar el dominio del milagroso poder de Dios a un mundo desesperado. Este libro no solo te liberará sino que también te dará el poder de Dios para liberar a este mundo.

Cal Pierce
Director de Healing Rooms Ministries
Spokane, Washington
Orador en conferencias internacionales

Solo el hombre que vive y se mueve en la presencia del Dios de revelación podría escribir este libro. Y aquellos que lo lean encontrarán que la misma revelación fluye de ellos hacia las calles y, aun más, hacia la próxima generación. La reforma que Bill Johnson comenzó con su primer libro seguramente se acelerará con este. Lo recomendamos de corazón.

Wesley Campbell
Autor de *Sé un Héroe*

El poder sobrenatural de una mente transformada de Bill Johnson es clave para el tema del crecimiento del Reino de Dios en la Tierra. Está lleno de profundas perspectivas personales de uno de los maestros y visionarios destacados de la iglesia actual. La pasión de Bill por ver la voluntad de Dios cumplida en nosotros como se cumple en los cielos es igual de contagiosa. Un libro que aquellos que desean vivir en el poder *dunamis* de una mente transformada no pueden dejar de leer.

Larry Randolph
Orador en conferencias internacionales
Autor de *User Friendly Prophecy*

Se ha dicho que un hombre con una experiencia nunca está a la merced de un hombre con un argumento. Hay muchas personas que predican acerca de la realidad actual del Reino con exactitud bíblica, pero permanecen estériles en la experiencia. La perspectiva provocadora de Bill Johnson acerca del Reino de Dios te enseñará a ver lo que crees en lugar de creer en lo que ves.

Randall Worley
Headwaters Ministries

El *"espíritu de sabiduría y revelación"* está sobre el nuevo libro de Bill, *El poder sobrenatural de una mente transformada.* Este libro debe ser una lectura de rigor para todos aquellos que deseen caminar en lo sobrenatural.

Che Ahn
Pastor principal, Harvest Rock, Pasadena, CA
Fundador y presidente de Harvest International Ministries
Autor y orador en conferencias internacionales

Bill Johnson nos ha dado un regalo una vez más. Con un hábil uso del lápiz y el papel nos lleva a un mundo interno raramente visitado, la mente de un obrero de milagros. Bill posee la capacidad única para hacer que la vida sobrenatural parezca tan natural que la incredulidad en sus diferentes formas parece absurda. Este segundo libro de su serie acerca de lo sobrenatural abunda en tesoros y puntos de vista que conforman un cuadro para entrenar y renovar la mente con el fin de adoptar las ilimitadas posibilidades de la mente de Cristo. Cuando suficientes personas vivan con la mente que Bill describe, se producirá un punto de cambio colectivo en una generación y será tan fácil tener acceso a la esfera de sanidades y milagros como lo es hoy en día el nacer de nuevo.

Lance Wallnau
Presidente de Lance Learning Group

ÍNDICE

Prefacio
Dick Mills

Bill Johnson continúa con su primer libro, *Cuando el cielo invade la Tierra*. Las palabras de Bill son las siguientes: "Este libro captura las cosas nuevas que aprendí en lo años posteriores de haber escrito mi primer libro. Explora áreas que yo no había imaginado".

El que Bill produzca este libro inspirador y alentador lo pone en una compañía ilustre. San Pedro escribió dos libros 1 y 2 de Pedro. El segundo libro fue la continuación del primero con mucha información añadida. Lucas escribió dos libros. El primero fue uno de los cuatro evangelios, el evangelio de Lucas. El segundo libro escrito por Lucas fue el libro de los Hechos. Fue la continuación de la historia del evangelio. Pablo escribió dos cartas a Timoteo. También escribió dos cartas a los creyentes de la iglesia de Tesalónica y dos cartas a los creyentes de la iglesia de Corinto. Todas estas cartas están incluidas entre los 66 libros de La Biblia. En 2 Corintios 1:15, Pablo les dijo que planeaba visitarlos y otorgarles una "segunda gracia" o una "segunda bendición".

He leído el manuscrito del nuevo libro de Bill y creo que se encuentra en la buena compañía de Pedro, Lucas y Pablo que también escribieron segundos libros. Al igual que Pablo llevó una segunda bendición a los corintos, *El poder sobrenatural de una mente transformada* de Bill Johnson les dará una "segunda" bendición a aquellos que hayan leído el primer libro.

Serás doblemente bendecido al leer la parte que se refiere a colaborar en el capítulo 10 llamado "Soñar con Dios", y el capítulo 11 "Heredar lo sobrenatural". Ambos capítulos han sido informativos, innovadores e instructivos. En las áreas en que he estado "esperando que se moviera el Señor", Isaías 30:18 nos recuerda que el Señor nos está esperando a nosotros. El libro de Bill te permitirá descubrir cómo introducirte en el río de las bendiciones ilimitadas de Dios y volverte parte de las actuales obras sobrenaturales de Dios.

Pude compartir con el pastor Bill una palabra griega que se encuentra en Efesios 4:23: "*renovaos en el espíritu de vuestra mente*". La palabra griega para *renovaos* es *ananeoo* (*an-an-neh-o-o*) y es una palabra compuesta: *ana* que significa repetir o hacer algo nuevamente, y *neos* que significa "juvenil, joven". Se puede interpretar: renuévate en el espíritu de tu mente piensa de forma joven.

Leer el nuevo libro de Bill Johnson es espiritualmente alentador y rejuvenecedor. Léelo y terminarás pensando de forma joven. La antítesis a una retórica religiosa rancia, seca, árida y sin sabor. ¡Piensa como joven!

Dick Mills
Orador en conferencias internacionales
Autor de *God's Word for You* y *Marriage Bliss*

Prefacio
Randy Clark

Bill Johnson es un hombre de Dios que disfruta de Dios y que vive lo que escribe. Es un hombre que posee revelación de lo que somos en Cristo y sus ramificaciones, revelación que está definitivamente fuera del pensamiento tradicional, pero no fuera de Las Escritura. Su nuevo libro nos ayuda a tratar con las promesas de La Biblia en una manera espiritual pero no limitada por las tradiciones y los razonamientos humanos que han reducido a Dios a un "dios hecho a nuestra propia imagen". El amor de Bill a La Palabra de Dios es evidente en *El poder sobrenatural de una mente renovada*, pero es igualmente cierto que Bill siente un gran amor hacia el Espíritu de Dios y hacia las experiencias de todo lo que se ha prometido en La Biblia. Hay un notable incremento en la autoridad y el entendimiento de Bill de las esferas espirituales, en especial en relación a la sanidad durante los últimos años desde que lo conozco. Me encanta pasar el tiempo con él debido a su hambre por aprender y experimentar más de las promesas de Dios en su vida y en la iglesia.

Los últimos capítulos del libro nos llaman en especial a una gran experiencia en colaborar con Dios, mayor de la que a muchos de nosotros nos enseñaron a través de los institutos y seminarios bíblicos alguna vez. No puedo dejar de pensar acerca del parecido entre los últimos capítulos de este libro y los recientes comentarios del Dr. Charles Kraft, que creo también plantea en su reciente libro *Confronting Powerless Christianity* [Confrontando un cristianismo sin poder]. El Dr. Kraft cree que un principio del mundo espiritual es que tanto el diablo como Dios tienen la necesidad de encontrar una persona a través de la cual deben trabajar en acuerdo para cumplir sus deseos. Ahora bien, sé que Dios es soberano, pero en su soberanía puede elegir libremente obrar de esa manera si eso le agrada. Sin embargo, Bill va aún más lejos en el entendimiento del corazón de Dios para colaborar con nosotros. Él va más allá de Dios, quien busca a alguien con quien compartir la tarea de llevar a cabo su voluntad, a Dios quien desea compartir la voluntad o deseo de su hijo o hija adoptivos. Por supuesto, Bill señala que esto solo se logra después de que la persona ha nacido de nuevo y se deleita en Dios. Las consecuencias de este principio se ejemplifican de forma poderosa, en especial en lo que se refiere a personas cristianas de negocios.

Este libro es necesario en este tiempo como un llamado para despertarnos para "las cosas mayores que ustedes harán" que Jesús prometió. El mensaje de Bill con respecto al Reino de Dios es importante para el tiempo en que vivimos. Jesús no dijo que no iba a regresar hasta que el evangelio fuera predicado en todas las naciones, sino que no iba a regresar hasta que el "evangelio del Reino" fuera predicado en todas las naciones. Lo que Bill y yo queremos decir con esta distinción es que por mucho tiempo se ha limitado esta promesa de Jesús de predicar el perdón a través de la gracia sin incluir los otros aspectos del mensaje del Reino, en especial aquellos de sanidad y liberación.

Si era verdad en los tiempos de Pablo que podemos tener muchos maestros pero pocos padres, también lo es hoy. Bill Johnson, su familia y su iglesia presentan un nuevo modelo de ministerio. No el ministerio profesional, sino el ministerio de uno que intencionalmente se está volviendo el "padre" para muchos. No tan solo su familia, su iglesia y aquellos que son parte de su Escuela de lo Sobrenatural, pero ahora a través de lo que escribe, de sus conferencias y su itinerante ministerio se está volviendo el "padre" de muchos otros.

Este es un libro asombroso que añadiré a la lista de libros más importantes para que mis internos lean, y para los estudiantes que serán parte de las nuevas escuelas de misión que Dios nos ha llamado a comenzar. Recomiendo enormemente este libro a todos aquellos que quieran ser animados en su fe y en su relación con Dios.

Randy Clark
Global Awakening Ministries
Orador en conferencias internacionales
Autor de *God Can Use Little ol´ Me*

Prefacio
Jack Taylor

Las operaciones de la fe personal, aunque son iniciadas por el Espíritu de Dios en el espíritu humano, deben liberarse con el permiso de la mente. Por lo tanto, la mente debe ser transformada del pensamiento terrenal, natural y razonable –que detiene la fe–, hacia el pensamiento celestial que nos libera para vivir de acuerdo al Reino. El Reino de Dios es infinito y lo abarca todo; y la mente es desafiada: *"Arrepentíos, porque el Reino de los cielos se ha acercado"* (Mateo 3:2). Este desafío es un mandato para aceptar las normas eternas e infinitas de Dios sobre todas las personas y sobre todas las cosas y sobre la eternidad. Nada nos puede liberar del 'pensamiento pequeño' como el Reino de Dios.

Bill Johnson lo ha hecho de nuevo al alinear nuestro pensamiento humano con la mente de Dios y nos ha shockeado con la distancia entre los dos.

Hace poco tiempo, escribí una recomendación para el primer libro de Bill, *Cuando el cielo invade la Tierra*, un desafío centelleante de la forma de pensar del Reino que presenta repetidas y continuas demostraciones del poder de Dios documentando los resultados.

Aquí, en este libro con un título igual de atractivo, *El poder sobrenatural de una mente transformada*, el autor nos lleva al próximo nivel del pensamiento del Reino. Luego de leer las primeras páginas comencé a preguntarme qué habría sido de mi vida y de mi ministerio si yo hubiese sido desafiado con esta información hace casi medio siglo atrás. Estaba molesto con esa línea de pensamiento, al saber que no podía retroceder y empezar de nuevo. Luego de leer las siguientes páginas, comencé a soñar con mucho entusiasmo acerca de lo que la vida y el ministerio serán porque he escuchado y visto lo que Bill Johnson presenta de forma tan poderosa. Este no es un libro de teorías acerca del alcance de las capacidades humanas sino una presentación de la mente y el corazón de Dios quien ahora está obrando con señales y maravillas entre su pueblo.

Las frases cortas golpean el corazón del lector, al presentar las regocijantes posibilidades de un cambio inmediato. Estos comentarios alientan a la mente para creer que lo que solo hemos leído en La Biblia o hemos escuchado de tiempos lejanos está en realidad sucediendo ahora. Aquí hay algunas de esas frases cortas:

"La mayoría de los cristianos se han arrepentido lo suficiente como para ser perdonados, pero no lo suficiente como para ver el Reino". ¡Ay! ¡Guau! El arrepentimiento está asociado en nuestra mente con la miseria y el lamento; ¡el arrepentimiento por la "visión del Reino" es alentador y emocionante!

"Si tus encuentros con Dios no te dejan con más preguntas que antes, entonces has tenido un encuentro inferior". ¡Sí! ¿Acaso no estás cansado del aburrimiento que se junta alrededor de las pocas expectativas?

"La vida cristiana normal se encuentra entre lo que actualmente entendemos y la revelación desplegada que proviene de las esferas del misterio". ¡Aquí nos desafían a "movernos"! "Grandes cantidades de cristianos son ateos en la práctica porque no creen en un Dios activo." Hoy en día, nos negamos a decir en nuestra iglesia que Dios no existe, pero lo hacemos a través de nuestras acciones, las que dicen: "¡No hay Dios como el Dios de La Biblia, ni tampoco queremos ese Dios!".

Finalmente Bill pregunta: "¿No estás cansado de hablar acerca de un evangelio de poder y no ver demostraciones de él?".

¡Sí, Bill, estamos cansados, realmente lo estamos! Y tú nos has ayudado al hacernos sentir incómodos con el *status quo*, y al indicarnos el camino al arrepentimiento para volvernos hacia la manera de pensar del Reino.

Leer este libro tal vez sea peligroso para tu estilo de vida actual, pero quizá se vuelva el libro que más haya cambiado tu vida este año... o en realidad, esta década. ¡Disfruta de este viaje!

Jack R. Taylor
Presidente de Dimensions Ministries
Melbourne, FL
Autor de *The Key of Triumphant Living*
y *The Word of God with Power*

Introducción

Este libro intenta abordar un tema muy abusado, la mente del creyente. Por un lado la mente ha sido muy repudiada por muchos al crear un evangelio autómata, que, en el mejor de los casos es sentimentalista, y, ritual en el peor de los casos. Disfrutan al hacer cosas sin razón, al pensar que Dios está agradecido por su gran fe. Por otro lado, se encuentran aquellas personas que han elevado la mente más arriba de su lugar correcto, al crear un evangelio que ha reducido a Dios a la imagen sin poder de un hombre. Este grupo vive con la ilusión de que son espiritualmente salvos porque solo aceptaron las cosas que entienden, al elevar un cristianismo carnal a un estado de elite. Abrazan sin saberlo el mismo engaño que desearon evitar. Nuestro desafío es entregar nuestras vidas por completo al propósito pleno de Dios para la mente del hombre a través del modelo que Jesús nos entregó, dándonos así acceso a su estilo de vida sobrenatural.

Me he propuesto utilizar cada mensaje, sea oral o escrito, para sembrar en la reforma venidera. Esa es mi causa, que los reinos de este mundo se vuelvan los reinos de nuestro Señor. Este libro intenta ser un pequeño paso hacia esa dirección.

Este libro es la continuación de mi primer libro, *Cuando el cielo invade la Tierra*. No necesitas leer aquél para sacar provecho de este, aunque sería recomendable.

››› CAPÍTULO 1 ‹‹‹

CAMBIA TU MENTE

Es antinatural para un cristiano no tener apetito por lo imposible.

Había sido un maravilloso domingo por la noche en la presencia de Dios. Cuando todo terminó –la oración y la alabanza, la enseñanza y el momento de pedirle a Dios por los milagros– uno de los miembros de mi equipo caminó del santuario hacia el vestíbulo y vio a un hombre saltando: "¡Oh, Dios mío, oh, Dios mío!". Parecía que los pantalones le quedaban grandes, los sostenía para que no se le cayeran por los tobillos. Estaba confundido, pero sabía que Dios había hecho algo. Cuando le preguntamos, supimos que ese hombre había sido sanado esa noche antes de recibir oración. Los tumores con los que llegó habían desaparecido instantáneamente. Había viajado desde un estado vecino porque los médicos le habían dado dos semanas de vida. En su mente, éramos la última parada hacia el cielo o hacia el milagro. Se acercó al santuario donde continuaba saltando con gran gozo, bien sano y con mucha necesidad de un nuevo guardarropa.

¿Cómo sucedió? El Reino de Dios se había estrellado contra su enfermedad y lo había inundado. Era otra gran noche y otra gran victoria sobre el enemigo.

El mismo fin de semana, una mujer manejó hacia nuestra iglesia desde dos estados de distancia porque tenía dificultad para respirar. Los médicos encontraron algo que creían era cáncer de pulmón.

Su familia debió ayudarla a entrar. Luego de recibir oración, se fue libre de dolor, y respirando sin ninguna restricción.

Otra vez, la realidad del Reino derrota la aflicción terrenal.

Una nueva norma...

¿Es normal? ¡Absolutamente! ¿Pero es común en la iglesia actual? Aún no. Pero Dios está cambiando la manera de pensar de los cristianos acerca de lo llamado imposible. Nos está enseñando a trabajar mano a mano con el Reino para que la realidad de los cielos se estrelle contra los problemas terrenales y los aplaste. Los resultados son milagros asombrosos, grandes victorias sobre el enemigo, sanidades, liberación, revelaciones, y demás. No es una exageración, no es una esperanza o una teoría infundada. Es un hecho. Las dos historias que compartí anteriormente son situaciones reales en las que la aflicción fue completamente derrotada por la realidad del Reino, y hay muchas más que compartiré contigo a través del libro. Muchas iglesias ven un milagro una vez a la semana e incluso diariamente. Como puedes imaginarte, es un modo revolucionario de abordar la vida cristiana, un regreso a lo auténtico.

Me gustaría poder decir que siempre he vivido diariamente en lo milagroso, pero no es así. He sido pastor por décadas, pero la mayor parte del tiempo no veía milagros. Creía en la sanidad y la liberación, pero ni yo ni las personas que estaban bajo mi guía lográbamos éxito en la oración. Teníamos la doctrina correcta, pero no teníamos la práctica correcta. Sin embargo, hace un par de años, Dios comenzó a llevarnos a un viaje, dándonos ojos renovados del Reino para ver lo que debía ser la vida cristiana normal. Al perder la mayor parte de la actividad del Reino por tanto tiempo, estábamos hambrientos por volver al plan original de Dios en la Tierra. ¡Ha sido una experiencia de aprendizaje asombrosa!

LA VOLUNTAD DE DIOS REALIZADA...

Me he dado cuenta que la vida cristiana normal significa milagros, intervención espiritual, y revelación. Significa paz, gozo, amor, un sentido de bienestar y propósito[1], todas estas características que eluden a tantos cristianos. En el ADN espiritual de cada cristiano está incluido el apetito por lo imposible que no se puede ignorar o desperdiciar. El Espíritu Santo, el mismo Espíritu que levantó a Jesús de la muerte, vive en nosotros, y hace imposible que nos sintamos contentos con lo que solamente podemos ver, escuchar, tocar, saborear y oler. Nuestros corazones saben que existe mucho más en la vida de lo que percibimos con nuestros sentidos; estamos espiritualmente perturbados por la falta de conexión con la esfera de lo sobrenatural. Al final, nada satisface el corazón de un cristiano como ver esas llamadas imposibilidades inclinar sus rodillas ante el nombre de Jesús. Cualquier cosa menos que esto, es anormal y frustrante.

Las malas enseñanzas y las desilusiones les han robado a muchas personas esta realidad. Pero en estos últimos días "el hombre entendido"[2], Jesucristo, nuestra sabiduría[3], está quitando las cosas profundas de los corazones de su pueblo, y abriéndolos. Estas cosas son el llamado irrevocable de Dios[4]. Vivimos en un tiempo sin precedentes en el que grandes cantidades de personas están hambrientas por introducirse en su destino, para cumplir el propósito de Dios para la humanidad en la Tierra. ¡Es un tiempo sorprendente, sin precedentes, en el que estamos vivos y tú y yo somos parte de esto!

Para ser creyentes efectivos, debemos avanzar mucho más allá de la vida cristiana que hemos conocido. Debemos redefinir el cristianismo "normal" para que esté alineado con la idea de lo que para Dios es normal, no con la definición que hemos aceptado y de la que nos hemos acostumbrado para basar nuestras experiencias (o la falta de ellas). La vida cristiana normal comienza al darnos cuenta que fuimos colocados aquí para hacer la voluntad de Dios "en la Tierra como en el cielo", y el gozo que es participar en ella. El problema que observo al viajar y hablar con otros creyentes es que muchas personas están confundidas acerca de la voluntad de Dios en la Tierra. Al igual que yo, a menudo escuchan a otros referirse a "la voluntad de Dios" dentro de círculos cristianos, pero el concepto permanece confuso y dudoso. La mayor parte de mi vida escuché a muchas personas hablar acerca de buscar la voluntad de Dios para su iglesia, en su vida personal o en su profesión. Muchos de nosotros hemos tratado la voluntad de Dios como si fuera algo desconocido o imposible de conocer. Los creyentes sinceros podrían orar durante días o semanas, pareciendo más pesimistas y angustiados y te dirán que están tratando de encontrar la voluntad de Dios para algún asunto. ¡Yo también he hecho eso! Pero la voluntad de Dios es más simple y sencilla de lo que pensamos. En lo que se conoce como el Padre Nuestro, Jesús dijo clara y concisamente:

> *Padre nuestro que estás en los cielos, santificado sea tu nombre. Venga tu reino. Hágase tu voluntad, como en el cielo, así también en la tierra* (Mateo 6:9-10).

La voluntad de Dios es simplemente la siguiente: "*como en el cielo, así también en la Tierra*". ¿Acaso no es algo básico? ¿No es refrescante? Cuando oramos "*Venga tu Reino. Hágase tu voluntad*", oramos para que el dominio y la voluntad del Reino se hagan realidad aquí y ahora. Esa es una forma de vida transformada y una manera de echar por tierra los paradigmas. Dios no ha escondido sus deseos: desea que la realidad del Reino invada este mundo rebelde, transformarlo y ponerlo bajo su liderazgo. Lo que es libre para operar en los cielos –gozo, paz, sabiduría, salud, integridad, y todas las demás promesas buenas que leemos en La Biblia– debería ser libre para operar en este planeta, en tu hogar, en tu iglesia, en tus negocios y en tu escuela. Lo que no es libre para operar allí –enfermedad, dolencias, esclavitud espiritual y pecado– no debería ser libre para operar en la Tierra, y punto. Eso, en esencia es nuestra misión como creyentes en la Tierra, y hacia eso es lo que mi iglesia, y ciertamente muchas otras del cuerpo de Cristo, trabajan de forma más centrada y con más energía que nunca antes. Nos hemos propuesto destruir las obras del diablo[5]. ¡Es una manera asombrosa de vivir!

Cuando hacemos de esto nuestro entendimiento principal de la voluntad de Dios, las otras áreas que nos causan tanto problema parecerán resolverse por sí solas[6].

¿Qué sucede cuando hacemos de ésta nuestra misión? Las vidas son libertadas, los cuerpos son restaurados, las mentes son sacadas de las tinieblas, el dominio del enemigo retrocede en todas las formas imaginables. Los negocios crecen saludablemente, las relaciones florecen de nuevo, las personas se reconectan con su llamado y propósito en la vida, las iglesias crecen y las ciudades sienten los efectos de tener el Reino que florece en ellas. La energía se libera porque el Reino obra de maneras que nunca antes hemos visto. Las cosas que suceden regularmente son tan extraordinarias que es como entrar en las páginas de una buena novela. Pero no es un estilo de vida inventado; es el estilo de vida para el cual fuimos creados.

UNA INVASIÓN PRÁCTICA...

Un joven llamado Brandon, graduado de Bethel School of Supernatural Ministry[7] [Escuela Bethel de Ministerio Sobrenatural], visitaba a unos amigos en el estado de Washington. Se encontraban en el restaurante y la camarera se acercó a tomarles el pedido. Brandon comenzó a sentir en su corazón algunas cosas acerca de esta mujer y las compartió con ella. Se trataban de su relación con su madre. La camarera estaba asombrada, y se conmovió tanto que tuvo que tomarse un descanso.

Mientras la camarera estaba lejos, Brandon notó que una pareja asiática lo observaba detenidamente desde el otro lado de la habitación. La mujer tenía muñequeras porque sufría del síndrome del túnel carpiano, y una de sus manos estaba completamente cerrada en un puño. Brandon se acercó y le preguntó si podía orar por ella. Le dijo que eran budistas, pero que deseaban recibir oración. Él oró por ella y fue sana en el acto. Instantáneamente, toda la familia se llenó de alegría y comenzaron a alabar a Jesús, allí mismo en la mesa. Decían que durante mucho tiempo habían estado orando a sus antepasados para que sus manos fueran sanas, pero las oraciones no fueron efectivas . Brandon les explicó quién era Jesús y recibieron el evangelio con asombro y agradecimiento. Él volvió a su mesa y durante el resto de la noche, la mujer sana permaneció allí abriendo y cerrando su mano, sorprendida.

En ese rato, la camarera regresó y le preguntó a Brandon si podía hablar con él afuera. Se encontraba muy confundida pero ansiosa, y quería saber más acerca de Dios. Brandon compartió más de lo que el Espíritu Santo le había mostrado acerca de su vida y le contó acerca del amor de Jesús. Ella le entregó su corazón al Señor y fue llena del Espíritu Santo en ese mismo momento. Estaba sin aliento de la emoción y dijo que les iba a contar a todos sus amigos lo que había sucedido.

Eso suena como algo sacado de La Biblia, pero es otra muestra reciente del amor de Dios en un cristiano normal como tú y yo. Le sucede con regularidad a un grupo de creyentes. Simplemente, este joven se dispuso a hacer la voluntad de Dios en el aquí y ahora. No compartió doctrina solamente; ofreció pruebas de quién es Dios.

PROBAR LA VOLUNTAD DE DIOS...

Una de las funciones principales de una vida sobrenatural y de milagros es ofrecer pruebas inmediatas e irrefutables de lo que Dios desea que suceda en la Tierra. Se demuestra quién es Dios al demostrar lo que es su realidad. El apóstol Pablo lo dijo de este modo:

> *No os conforméis a este siglo, sino transformaos por medio de la renovación de vuestro entendimiento,* ***para que comprobéis cuál***

sea la buena voluntad de Dios, agradable y perfecta (Romanos 12:2; énfasis del autor).

¿Alguna vez se te ocurrió pensar que uno de tus trabajos en la Tierra, al igual que Brandon, es el de probar la voluntad de Dios? ¿El de demostrarles a otras personas cómo es Él? ¿El de permitirle a Él que aplaste las obras del enemigo a través de tu vida? La mayoría de las personas no saben cómo se comporta Dios o no conocen lo que hay en su corazón para cada uno de nosotros. Tal vez, tu llamado y el mío como creyentes sea demasiado grande para entenderlo por completo, pero el mandato de La Biblia es claro: nuestro trabajo consiste en demostrar que la realidad que existe en los cielos se puede manifestar aquí mismo, en este momento. No fuimos creados para ser personas que creen las cosas correctas acerca de Dios, sino personas que ponen de manifiesto la voluntad de Dios, al expresar y hacer que otros se den cuenta y digan: "Ah, entonces así es como Dios es". La sanidad, la liberación y la restauración hacen mucho más que resolver el problema inmediato; les otorgan a las personas una demostración concreta de quién es Dios.

Un joven de nuestra iglesia fue citado para ser jurado de una corte. ¡Dudo que se lo vuelvan a pedir! Mientras hacía esa tarea, el miembro de una pandilla fue salvo y tres personas fueron sanadas, una de ellas enfrente de una burlona multitud. Este joven hizo tanto alarde de Dios que muchos de los otros miembros del jurado se burlaron de él públicamente. Así que se acercó a una persona afligida, oró y la persona fue sana. La multitud hizo silencio. Otro hombre en silla de ruedas se puso de pie al frente de la gente en el palacio de justicia, moviendo las manos y mostrando el poder de la sanidad y el amor de Jesucristo.

Algunas personas de nuestro equipo, junto con estudiantes de nuestra escuela de ministerio, han ido varias veces a una universidad cercana que es un centro importante del espiritualismo de la Nueva Era. La religión más popular en los campos universitarios es la brujería. Mi copastor, Kris, un profeta de Dios maravillosamente ungido, fue invitado a hablar en una clase acerca del cristianismo y lo sobrenatural. Se paró frente a los estudiantes y compartió un breve testimonio. Al final de la clase, una joven que estaba atormentada por demonios comenzó a manifestarse bajo esa influencia. Kris les ordenó que se fueran, ¡y ella fue libre delante de estudiantes asombrados! Luego fue tan llena de gozo que debieron sacarla del aula y llevarla al parque de estacionamiento para que pudiera comenzar la próxima clase. Los estudiantes de ambas clases, asombrados y estupefactos continuaron mirando lo que estaba sucediendo. Mi colega comenzó a llamar a personas, señalándolas y declarando fuertes palabras proféticas para sus vidas que tocaban los secretos de sus corazones. Algunas se cayeron al piso instantáneamente como si hubieran perdido las fuerzas. Otras se sentaron boquiabiertas. "Te veo siendo dedicado a Dios", le dijo a un joven que era el único no creyente en su familia. ¡Y así continuó hasta que esas brujas y esos hechiceros que habían dedicado sus vidas al poder del infierno supieron que había un Dios todopoderoso en Israel, y en la iglesia!

Una mañana en la iglesia durante la adoración, una mujer que tenía cáncer de esófago sintió el fuego de Dios en su vida. Mirando a su esposo le dijo: "Dios me sanó". Fueron al médico y este les dijo: "Este tipo de cáncer no desaparece". Pero la examinó y le dijo completamente asombrado: "No solo desapareció, sino que tienes un esófago completamente nuevo".

Durante otra reunión, mientras leíamos La Biblia, un hombre de la congregación no podía ver las letras con claridad. Todo se veía borroso. No pudo entender por qué hasta que llegó a su casa y se quitó los anteojos y pudo ver bien sin ellos. Dios sanó su vista sin que nadie orara por él. Lo mismo le sucedió a un pastor en una conferencia que estaba disfrutando de la presencia de Dios, y cuando abrió los ojos, no necesitó más sus anteojos.

REGRESAR A NUESTRA MISIÓN PRINCIPAL...

Esos son grandes ejemplos de cómo llevar a cabo nuestro llamado original como seres humanos. Recuerda que el primer mandato de Dios a la humanidad fue:

> *Y los bendijo Dios, y les dijo: Fructificad y multiplicaos; llenad la tierra, y sojuzgadla, y señoread en los peces del mar, en las aves de los cielos, y en todas las bestias que se mueven sobre la tierra* (Génesis 1:28).

Les dijo esas palabras a Adán y Eva para que extendiesen los límites de su jardín –representando su gobierno, su voluntad– hasta los fines de la Tierra. La idea de Dios era tener un planeta envuelto en su glorioso dominio, y que la humanidad "probara la voluntad de Dios" de forma impecable "*como en el cielo, así también en la Tierra*". Es una imagen hermosa e impresionante, y continúa siendo su objetivo para ti y para mí, para la Iglesia y para toda la humanidad. Dios nunca dudó acerca de lo que desea para este planeta, para ti y para mí.

Sabemos, por supuesto, que el plan original de Dios se desbarató, y que Adán perdió el derecho a la autoridad que Dios le había otorgado sobre la Tierra, al colocar a la humanidad bajo la esclavitud del enemigo. Pablo escribió:

> "*Sois esclavos de aquel a quien obedecéis...*" (Romanos 6:16).

Pero Dios tenía un plan de redención en su lugar: Jesús vendría para reclamar todo lo que se había perdido. Dios le dijo al mismo diablo:

> *Y pondré enemistad entre ti y la mujer, y entre tu simiente y la simiente suya; ésta te herirá en la cabeza, y tú le herirás en el calcañar* (Génesis 3:15).

Cuando la profecía se cumplió con la muerte y la resurrección de Jesucristo, Dios tomó nuevamente la autoridad que el hombre había abandonado y reclamó nuestro propósito en la Tierra. Nos entregó un campo limpio para correr hacia el objetivo original, para correr con todas nuestras fuerzas. Nosotros, la Iglesia, somos llamados a extender su gobierno en esta esfera terrenal, al igual que fue llamado Adán. Lo podemos ver en cada comisión de los Evangelios: la comisión de los doce, la comisión de los setenta y de los setenta y dos y la gran comisión[8]. Dios dio las mismas instrucciones: básicamente, "¡Ve y sana a los enfermos, predica las buenas nuevas y demuestra quién soy y cómo soy! ¡Extiende mi Reino!".

Pero muy pocos de nosotros hoy en día seguimos esas instrucciones precisas. Nos vemos envueltos en discusiones, confrontaciones intelectuales, teorías y conflictos emocionales. Nos enamoramos de nuestros talentos y nuestros dones espirituales, al pensar que podemos dirigir nuestro propio curso al utilizarlos simplemente como bien nos parece. Aunque sea bien intencionado, nos autoproclamamos en nuestra comisión, al creer honestamente que nos sometemos a Dios. En realidad, no es posible probar la voluntad de Dios en la Tierra como lo es en cielo a menos que estemos completamente enchufados en la misión principal que Dios nos ha dado. Lo decimos de esta manera: no hay COmisión sin SUmisión a la misión principal.

¿Entonces cuál es la misión principal? Lo vimos anteriormente en la vida de Jesús y en el testimonio de Las Escrituras. 1 Juan 3:8 declara claramente que mediante la intimidad con Dios, "desharemos las obras del diablo".

> *Para esto apareció el Hijo de Dios, para deshacer las obras del diablo* (1 Juan 3:8b).

Esa fue la tarea de Jesús; fue la tarea de Adán y Eva; fue la tarea de los discípulos. Creyente, ésta también es tu tarea. El propósito de Dios al salvarte no era simplemente rescatarte y mantenerte ocupado hasta que te transportara al cielo. Su propósito es mucho mayor, mucho más asombroso: te comisionó para demostrar la voluntad de Dios *"como en el cielo, así también en la Tierra"*, al transformar este planeta en un lugar resplandeciente y saturado con su gloria y su presencia. Esta es la columna misma de la gran comisión, y debe definir tu vida y la mía.

TRAER CONFLICTO A LAS CALLES...

En nuestra escuela de ministerio entrenamos a las personas en señales y maravillas, y en especial tienen un vivo deseo de aprender cómo obrar en lo sobrenatural fuera de las cuatro paredes de la iglesia. Alentamos a nuestros estudiantes al darles tareas específicas para invitar a Dios a obrar en lugares públicos. Un día después de clases, un grupo de estudiantes de nuestra escuela de adoración se dirigió al hospital a visitar a una mujer. Tenía un tumor cerebral, estaba sorda de un oído y estaba perdiendo la sensibilidad en la parte derecha del cuerpo. Hablaba con gran dificultad, arrastraba las palabras y estaba con muchísimo dolor. En lugar de poner las manos sobre ella y orar, los estudiantes la rodearon en adoración, cantando y expresando su amor al Señor. Muy pronto, la mujer dijo: "¡mis oídos se abrieron!". La sordera se había ido. Continuaron cantando y ella dijo: "¡puedo hablar con más claridad!". Comenzó a hablar claramente. Enseguida, estaba moviendo las extremidades. Exclamó: "¡el dolor se ha ido!". Dios había puesto a punto su cuerpo mientras la adoración estallaba a su alrededor.

Cuando hacemos la voluntad de Dios, hacemos que la realidad del Reino se estrelle contra las obras del diablo. Comenzamos un conflicto entre la realidad terrenal y la celestial, al volvernos un puente y un punto de conexión que se hace posible a través de la oración y la obediencia radical al declarar la autoridad de Dios. No hace mucho, una mujer con un brazo quebrado vino a nuestra iglesia con tanto dolor en la muñeca que ni siquiera podíamos tocarle la piel para orar. Mantuvimos las manos lejos de ella y oramos, y en unos pocos minutos Dios la sanó por completo. No tenía dolor y torcía la muñeca para un lado y para el otro. El brazo estaba totalmente diferente a como se encontraba unos segundos antes. La realidad del Reino había aplastado una de las obras del diablo. Esa es la vida cristiana normal a la que me refiero.

Algunos de los líderes de las iglesias locales tuvieron un evento de reconciliación de nativos norteamericanos y asistieron muchas más personas de las que se esperaban. Solo contábamos con cuatro salmones para alimentar a novecientas personas. ¡Pero esos cuatro salmones alimentaron a todos hasta saciarlos, y quedaron sobras! Eso no es posible en lo natural, pero lo es en la vida cristiana normal.

Además de la alimentación semanal a los pobres, tenemos un día de fiesta anual, en el que las familias de la iglesia adoptan una mesa de nuestro gimnasio y la decoran con adornos navideños. En las mesas colocamos nuestras vajillas de porcelana, cristalería y cubiertos más finos. Transportamos a los más necesitados al evento para agasajarlos. Este último año, servimos cortes seleccionados de ternera. Comenzamos con treinta y cuatro trozos de carne para dos grupos de alrededor de quinientas personas cada uno. Luego de servir diecinueve trozos al primer grupo nos dimos cuenta que los quince trozos que nos quedaban no eran suficientes para las doscientas personas que colaboraban, más el segundo grupo de quinientas. Se tomó la decisión de no alimentar a los que colaboraban. Pero cuando regresaron a la cocina había veintidós trozos. Misteriosamente, habían aparecido siete trozos más. De esta manera, los que estaban colaborando comieron al igual que el segundo grupo de personas necesitadas. Eso debiera haber agotado los veintidós trozos misteriosos, ¡pero luego de que todos terminaron de comer todavía quedaban doce trozos! ¡El pan multiplicado es grandioso, pero en realidad me gusta más ver multiplicados los cortes seleccionados de ternera!

¿No estás cansado de hablar acerca de un evangelio de poder, pero nunca ver nada en acción? ¿No estás cansado de tratar de llevar a cabo la Gran Comisión sin ofrecer pruebas de que el Reino realmente funciona? Muchos de nosotros hemos sido como los vendedores de aspiradoras que llegan a la puerta y tiran un poco de tierra en el piso y dicen: "Represento a la nueva compañía de aspiradoras Whiz Bang. Mi aspiradora es tan poderosa que debe sacar de la habitación a las mascotas y a los niños pequeños. Aspira todo lo que encuentra". Pero en lugar de demostrar cómo funciona, simplemente te entregan un folleto, te prometen que la máquina funcionará y se marchan. ¡Eso es estafar a las personas! Sin embargo, es así como a menudo predicamos el evangelio. Les decimos a las personas lo grandioso que es el producto, pero rara vez hacemos una demostración y lo probamos. Es como decir: "¡Hola! Mi nombre es Bill Johnson. Represento al Rey y a su Reino. Él sana todas tus enfermedades, te libera de todos tus tormentos y deshace los problemas de tu vida. Sin embargo, no puedo mostrarte cómo. Solo tendrás que creerlo. Adiós".

¿No crees que hayamos definido de forma inapropiada cómo funciona el Reino de Dios, al perder la mayor parte de lo que Jesús enseñó? Muchas personas enseñan que el Reino de Dios es para algún momento en un futuro distante o en el pasado, no en el aquí y ahora. Algunas envían todas las promesas de Dios en La Biblia al milenio o a la eternidad porque la sabiduría aceptada es que apenas ganaremos entrada en el cielo. Pero Jesús enseñó y demostró que el Reino de Dios es una realidad del tiempo presente, existe ahora en la esfera invisible y es superior a cualquier cosa en la esfera visible. De la misma manera que Jesús es completamente Dios y completamente hombre, así el Reino es por completo ahora y por completo será entonces. Jesús pasó su ministerio mostrándonos cómo traer el poder del Reino para influir sobre las obras del diablo. Nuestro ministerio debería hacer lo mismo. No podemos autocomisionarnos, al confiar en nuestros dones ministeriales para llevar a cabo la gran comisión. No podemos permitirnos trabajar fuera de la intervención sobrenatural de la realidad del Reino. Nuestra tarea nunca se ha tratado acerca de lo que podemos hacer por Dios, sino de lo que Dios puede hacer a través nuestro. Esa es la esencia del evangelio: hacer exactamente lo que hizo Jesús y destruir las obras del diablo.

Es ese el cristianismo normal. Los milagros son normales. La salvación y la liberación son normales. La revelación, la profecía y las palabras de conocimiento son normales. Pero para regresar a la misión original, debemos cambiar radicalmente nuestra manera de pensar. Debemos *arrepentirnos* y *renovar nuestra mente*.

Renovar la mente...

La única manera de hacer las obras del Reino consistentemente es ver la realidad desde la perspectiva de Dios. Eso es lo que La Biblia quiere decir cuando habla de renovar nuestra mente. La batalla está en la mente. La mente es la herramienta fundamental para traer la realidad del Reino a los problemas y a las crisis que enfrentan las personas. Dios la ha hecho para que sea el guardián de lo sobrenatural.

Para ser de utilidad para el Reino, nuestra mente debe ser transformada. Encontramos una clave de lo que significa esa palabra en la transfiguración de Jesús cuando habló con Moisés y Elías. La realidad del cielo resplandecía a través de Jesús, y Él brillaba con un resplandor increíble. Su cuerpo revelaba la realidad de otro mundo. La palabra *transformado* en ese pasaje es la misma palabra que encontramos en Romanos 12:2. La mente renovada, entonces, refleja la realidad de otro mundo de la misma manera que Jesús brillaba con el resplandor del cielo. No se trata solamente de que nuestros pensamientos sean diferentes, sino de que nuestra manera de pensar sea transformada porque pensamos con una realidad diferente, ¡desde el cielo hacia la Tierra! Esa es la perspectiva transformada. La mente renovada permite a sus colaboradores demostrar la voluntad de Dios. Demostramos la voluntad de Dios cuando ponemos de manifiesto la realidad del cielo. La mente no renovada, por otro lado, trae aparejada una manifestación completamente diferente:

Oye, tierra: He aquí yo traigo mal sobre este pueblo, el fruto de sus pensamientos; porque no escucharon mis palabras, y aborrecieron mi ley (Jeremías 6:19).

Entiendo que a menudo hay titubeos cuando hablamos de la mente como una herramienta de Dios. En ciertos momentos de la historia de la Iglesia el aspecto intelectual de la mente ha sido tan exaltado que ha anulado un verdadero estilo de vida de fe. Hombres de fe sincera cayeron en un modo de pensar de escepticismo y duda. La teología ha sido exaltada a expensas de la creencia. El juicio académico ha reemplazado directamente a la experiencia sobrenatural. Existe una buena razón por la cual no permitir a la mente dictar cómo vamos a creer. Pero los cristianos a menudo reaccionamos en las equivocaciones y creamos otros errores en el proceso. Los pentecostales a menudo hemos minimizado la importancia de la mente, al implicar que no posee valor en absoluto.

Muchos cristianos instintivamente desconfían de la mente, al pensar que es irremediablemente corrupta y humanista. Apuntan a Harvard y la Yale' y otras universidades que originalmente fueron fundadas bajo principios cristianos, pero que en la actualidad promulgan el engaño y la mentira. Sin embargo, la mente es en realidad un poderoso instrumento del Espíritu de Dios. Él la creó para ser el guardián de la actividad del Reino en la Tierra. Cuando una mente se extravía, lo trágico es que la libertad de Dios para establecer su voluntad en la Tierra está limitada. La mente no fue hecha para desecharla; está creada para ser utilizada para su propósito original. Si la mente no fuera de vital importancia para nuestro caminar con Cristo y nuestra comisión, Pablo no nos hubiera exhortado a "*ser transformados por la renovación de nuestra mente*". De hecho, solo una mente renovada puede traer la realidad del Reino a la Tierra consistentemente.

Sin embargo, muchos de nosotros vivimos con la mente no renovada, lo que es de poca utilidad para Dios. Una mente no renovada es como una tecla discordante de un piano. Una vez que descubres la tecla, ya no la utilizas más porque le resta valor a la música. La pasas por alto y tocas a su alrededor. De la misma manera, las personas que se encuentran fuera de sincronización con la mente de Dios rara vez son usadas, sin importar cuán disponibles estén, porque sus pensamientos chocan con la mente de Cristo. Se autodesignan en su propia misión y no están sometidas a la misión principal. Como resultado, trabajan enteramente fuera de la comisión prevista por Dios.

Sin embargo, cuando nos ponemos de acuerdo con la misión original, nuestra mente se vuelve una herramienta poderosa en las manos de Dios. Esto explica por qué existe una guerra tan intensa que se pelea por tu mente y tu acuerdo mental. Cada pensamiento y cada acción hablan de tu lealtad hacia Dios o hacia Satanás. Ambos adquieren poder mediante tu acuerdo. Renovar tu mente significa aprender a reconocer qué es lo que proviene del infierno, y qué es lo que proviene del cielo, y a ponerte de acuerdo con el cielo. Esa es la única manera de poder completar tu tarea divina. Dios diseñó tu mente para ser una de las herramientas más sobrenaturalmente poderosas del universo, pero necesita ser santificada y debe rendirse al Espíritu Santo para poder llevar a cabo los diseños de Dios, las ideas creativas y los planes en tu vida diaria.

Hacer práctico el arrepentimiento...

La renovación de la mente comienza con el arrepentimiento. Esa es la puerta para regresar a nuestra tarea original en la Tierra. Jesús dijo: "Arrepentíos, porque el Reino de los cielos se ha acercado"[9]. Para muchos cristianos, arrepentirse se refiere a tener un llamado al altar donde las personas se acercan a llorar y a arreglar sus cuentas con Dios. Esa es una expresión legítima de arrepentimiento, pero no es lo que la palabra arrepentimiento significa.

Arrepentirse, significa regresar a la perspectiva de Dios de la realidad. Y en esa perspectiva hay un renuevo, una reforma que afecta nuestro intelecto, nuestras emociones y cada parte de nuestras vidas. Sin arrepentimiento permanecemos encerrados en la manera carnal de pensar. Cuando La Biblia se refiere a carnalidad, no necesariamente significa el pecado obvio y repugnante. La mayoría de los cristianos no poseen apetito por el pecado; no desean emborracharse o acostarse con cualquiera, pero debido a que viven sin el poder demostrado del evangelio, muchos de ellos han perdido el sentido del propósito y han regresado al pecado. Tener una mente renovada a menudo no se trata de que la persona vaya o no al cielo, sino de cuánto del cielo desea para su vida ahora.

Jesús nos exhortó a cambiar de opinión acerca de nuestro modo de enfocar la realidad porque su Reino está cerca. Trajo su Reino con Él, y está a nuestro alcance. Él desea que veas la realidad desde su perspectiva, que aprendas a vivir desde su mundo hacia el mundo visible. Pero si no cambias tu forma de pensar, nunca podrás percibir el poder del Reino que está disponible.

Jesús dijo que *"el que no naciere de nuevo, no puede ver el Reino de Dios"* (Juan 3:3). ¿Qué significa? Bueno, Jesús no estaba diciendo que tendríamos visiones del cielo, aunque sé que a veces sucede. Hablaba de una manera más práctica. Decía que cuando nuestras mentes son renovadas, vemos el Reino manifestado y demostrado al igual que Él lo hizo durante su ministerio terrenal. Eso es lo que significa "ver" el Reino de los cielos. Nuestra alma anhela ver esas cosas. Dentro de nosotros tenemos un hambre implacable por ver el Reino introducirse en esta esfera, y no solo mirar sino participar, lograr ser puntos de conexión y puertas para el poder de Dios.

Hace poco, un domingo a la mañana, entré a la iglesia, saludando a las personas antes de la reunión y en la parte de atrás conocí a un hombre sin hogar que había sido invitado por otra persona. Tenía un yeso en el brazo y lo trataba con mucho cuidado. Entonces dije: –¿Qué te ha pasado en el brazo?

Él dijo: –Me caí de un puente de seis metros de altura y me destrocé la muñeca.

–¿Que te parece si oramos por eso?, –le pregunté.

–Muy bien, –respondió.

Oramos y le dije: –Ahora mueve el brazo.

Lo movió y se quedó boquiabierto. Miró a la mujer que lo había traído completamente asombrado pues había sido totalmente sanado en tan solo un instante. Su muñeca estaba bien. Cuando, más tarde durante la reunión, se hizo la invitación para que las personas nuevas entregaran sus vidas a Cristo, él fue el primero en pasar. Otra vez, vimos que *"su benignidad te guía al arrepentimiento"*[10].

Ese es un ejemplo simple y diario de demostrar que el Reino obra sobre la Tierra. No es una cuestión mental o algo fantasmagórico o extraño. Es regresar a la perspectiva de Dios de la realidad y vivir como si realmente lo creyéramos. Su propósito, su realidad, es levantar un grupo delegado de personas que trabajen con Él para destruir las obras del diablo, que demuestren y prueben la voluntad de Dios aquí en la Tierra como lo es en el cielo. Ese es el centro de la gran comisión, y es tu privilegio y el mío colaborar con Él en esto.

El arrepentimiento de Pablo...

La mayoría de los cristianos se han arrepentido lo suficiente para ser perdonados, pero no lo suficiente para ver el Reino. Recorren parte del camino, luego se detienen. ¿Sabías que conocer a Jesús solo era el primer paso en tu caminar cristiano? La conversión te coloca en la entrada de una forma de vida completamente nueva, pero existe una vida de experiencias más allá de la entrada que muchos no experimentan. Nunca entran en su propósito completo. Pasan la vida alegrándose justo del otro lado de la costa, pero nunca se ponen en marcha para tomar las ciudades y habitar en la tierra prometida. No es suficiente con apenas cruzar el río hacia la tierra prometida; debemos recorrer todo el camino y pelear por todo el territorio que Dios ha prometido a su iglesia[11]. ¡La vida es mucho más entretenida cuando experimentamos lo milagroso y nos unimos a lo sobrenatural! Es un honor, un privilegio y una responsabilidad que muchos de nosotros hemos temido e ignorado.

La idea del poder del Reino y el conflicto espiritual inquieta a muchas personas, pero sin poder, el evangelio no es buenas nuevas. Jesús nunca hizo del evangelio un ejercicio doctrinal. Es por eso que Pablo estaba tan preocupado por presentar correctamente el evangelio que cambiaba la manera de ministrar entre una tarea y la otra. Recordarás que estuvo en Atenas predicando el evangelio en el Areópago donde los filósofos se juntaban a hablar. Les encantaba intercambiar ideas y debatir sobre las ideas intelectuales de la época, pero sus charlas carecían mayormente de significado y estaban vacías de poder o verdad. Pablo se puso entre ellos y dio un brillante mensaje que hasta el día de hoy es honrado por las escuelas bíblicas alrededor del mundo por ser tan concreto[12]. Luego le dio la oportunidad para que las personas se acercaran y conocieran a Jesús, y solo un pequeño puñado de personas fueron salvas.

¡Qué decepción! Este era, al fin de cuentas, el apóstol Pablo que había despertado a ciudades enteras con el mensaje y el poder de Dios, que había sido encarcelado por alterar el orden público. Más tarde, en Éfeso, la ciudad fue completamente dada vuelta por su enseñanza y demostración del poder de Dios. Todos los que practicaban el ocultismo traían pilas de libros y los quemaban espontáneamente. Había un arrepentimiento masivo. Pablo también había estado en el tercer cielo, en la esfera de Dios, había visto cosas indecibles e imposibles de describir. Pero cuando estuvo enfrente de este grupo de intelectuales y les presentó el evangelio de una manera magníficamente intelectual, fueron pocos los que se convirtieron. De hecho, Hechos 18:1 dice: *"Después de estas cosas, Pablo salió de Atenas y fue a Corinto"*.

Si Pablo era como cualquier otro predicador que conozco, habrá tenido sus lunes de depresión en los que repetía y volvía a evaluar la reunión del domingo una y otra vez, tratando de entender qué es lo que podría haber hecho mejor. Mientras Pablo se acercaba a Corinto, creo que evaluaba su mensaje, que fue brillante, pero que solo había dado por fruto unos pocos convertidos. Al mirar adelante, sabía que predicaría el evangelio en Corinto. En este punto, en realidad describe lo que está pensando:

> *Así que, hermanos, cuando fui a vosotros para anunciaros el testimonio de Dios, no fui con excelencia de palabras o de sabiduría. Pues me propuse no saber entre vosotros cosa alguna sino a Jesucristo, y a éste crucificado. Y estuve entre vosotros con debilidad, y mucho temor y temblor; y ni mi palabra ni mi predicación fue con palabras persuasivas de humana sabiduría, sino con demostración del Espíritu y de poder, para que vuestra fe no esté fundada en la sabiduría de los hombres, sino en el poder de Dios* (1 Corintios 2:1-5).

Algunos leen esto y concluyen que Pablo tenía un impedimento o alguna dificultad para hablar o le faltaba confianza ante las multitudes. Yo diría que no era ninguna de las dos cosas. Creo que estaba diciendo: "He hecho un experimento con ustedes. Decidí no decirles todo lo que sé porque esta vez quería asegurarme de dejar lugar para el poder de Dios. No quería que colocaran su fe en el don de ningún hombre. No quería que mis palabras los cautivaran". Más bien, como dijo en el versículo 5, quería que la fe de las personas "*no esté fundada en la sabiduría de los hombres, sino en el poder de Dios*".

(No estoy diciendo que no debamos esforzarnos por enseñar bien o compartir abundantemente las cosas que Dios nos ha mostrado. Es solo que no deberíamos hacer ninguna de estas cosas a expensas de dejar lugar para que Dios aparezca y diga "Amén" a su propia palabra a través de las señales y milagros que siguen.)

Observa que Pablo no escribió: "Quería que vuestra fe esté fundada en el nombre del Señor Jesucristo". Utilizó la frase: "*Que vuestra fe...* [esté fundada] *en el poder de Dios*". Hoy en día existe una diferencia entre predicar en el nombre de Jesús y predicar con poder. En los días de Pablo no había casi diferencia. El poder era parte del evangelio, y debería ser así para nosotros en nuestra vida diaria. Muchos de nosotros hemos predicado en el nombre de Jesús sin ninguna demostración de poder. Ese tipo de predicación ineficaz e inefectiva debe cesar. No podemos permitirnos seguir dando la teoría sin la realidad. De hecho, si hoy Pablo estuviera vivo nos reprendería a muchos de nosotros debido a cómo le robamos poder al evangelio. En 1 Corintios 4:19-20, Pablo le advirtió a los nuevos cristianos acerca de los maestros que no demuestran el poder de Dios en sus enseñanzas. Estaba haciendo una distinción fundamental; los padres se mueven en poder. Aquellos que solo tienen conceptos e ideas no están presentando el mensaje completo del evangelio.

El evangelio fue presentado por completo, obviamente, en la vida de Jesús que enseñó con poder. Donde fuera que enseñara acerca del Reino, sanaba a las personas. No era uno o el otro; eran ambos. Le dijo a sus discípulos: "*Y yendo, predicad, diciendo: El Reino de los cielos se ha acercado. Sanad enfermos, limpiad leprosos, resucitad muertos, echad fuera demonios*" (Mateo 10:7-8). Nos demostró que probar la voluntad de Dios no solo significa declarar que el Reino está cerca, sino demostrar sus efectos.

Hace poco, vino a nuestra iglesia una mujer que había sufrido un accidente y había sido operada cinco veces en poco menos de cinco años. Uno de sus brazos era casi siete centímetros más corto que el otro, y desde el codo hacia arriba no sentía nada. El médico le dijo que el daño era tan grande que el brazo colgaría así por el resto de su vida. Gracias al aliento de sus hijos, ella vino a la iglesia para que oraran. Una mujer impuso manos sobre ella, y el brazo fue sano y restaurado en tan solo un momento. ¿Por qué? Porque no hay brazos como esos en el cielo. Esa enfermedad debía irse porque el Reino vino sobre ella. Extendió la mano para agarrar a su hija de dos años, y la niña dijo:

–No, mami, brazo roto.

–Está bien, mi amor, –le dijo la madre. La levantó y en el rostro de la niña se dibujó una gran sonrisa, porque por primera vez en su vida, su mami pudo levantarla. Esa es la vida cristiana normal.

En el Nuevo Testamento, la misma palabra para salvación significa sanidad, liberación y perdón de pecados. El Reino trae solución completa al hombre entero, y tenemos acceso a esa realidad incluso ahora, al igual que lo tuvo Jesús a través de toda su vida.

Muchos creyentes piensan que los milagros y el poder son para personas ungidas super especiales de Dios. Muchos se confunden por la idea de que Jesús hizo milagros como Dios, no como hombre. En realidad, como dije en mi libro anterior[13] y le sigo recordando a las personas, Jesús no tenía ninguna habilidad para sanar a los enfermos. No podía echar fuera demonios ni tenía ninguna capacidad para resucitar a los muertos. Dijo de sí mismo en Juan 5:19: *"No puede el Hijo hacer nada por sí mismo"*. Había dejado de lado su divinidad. Hizo milagros como hombre en una relación correcta con Dios porque exponía un modelo para nosotros, algo para que nosotros siguiéramos. Si Él hacía milagros como Dios, todos estaríamos extremadamente impresionados, pero no tendríamos ninguna compulsión por copiarlo. Pero cuando vemos que Dios nos ha enviado a hacer lo que hizo Jesús –y más– entonces nos damos cuenta de que Él mismo se impuso restricciones para demostrarnos que nosotros también podíamos hacerlo. Jesús se vació tanto de Él mismo que era incapaz de hacer lo que el Padre le requería, sin la ayuda del Padre. Esa es la naturaleza de nuestro llamado: requiere más de lo que nosotros somos capaces. Cuando nos atascamos en hacer solo las cosas que podemos hacer, no estamos involucrados en el llamado.

Jesús vivió en constante confrontación y conflicto con el mundo que lo rodeaba porque la lógica del Reino va en contra de la lógica carnal. Este es un buen momento para que te preguntes: ¿estás viviendo en conflicto con este mundo? ¿Estás trayendo la realidad del cielo, no solo la doctrina del cielo, a tu barrio y a tus compañeros de trabajo? ¿Cómo contradice tu vida la manera en que funciona la vida para la mayoría de las personas de tu ciudad? ¿Cómo anuncias la realidad del Reino donde vas? Una mente renovada ve de la manera en que Dios ve. Recibe Sus impresiones y se vuelve una fuerza creativa para liberar la expresión del dominio de Dios en el planeta Tierra. Una mente renovada destruye las obras del diablo para que la realidad terrenal armonice con la realidad celestial. Prueba la voluntad de Dios no solo con palabras sino con hechos. Sana a los enfermos, libera a los cautivos del pecado, trae gozo donde hay tristeza, fuerza donde hay debilidad, una creatividad explosiva e ideas que cambian al mundo donde hay falta de inventos. Haz que el Reino de Dios se exprese *"como en el cielo, así también en la Tierra"*.

Esa es la vida cristiana normal. Y eso es lo que trataremos en los capítulos siguientes.

Notas

1. Esto no significa que no habrá problemas ni persecuciones. Eso es también parte de la vida cristiana, como se menciona en el gran libro de la fe: Hebreos capítulo 11. Pero incluso en esos tiempos de dificultad, que son el resultado de vivir justamente en un mundo injusto, la fe duradera *"vence al mundo"*.
2. Proverbios 20:5
3. 1 Corintios 1:30
4. Romanos 11:29
5. 1 Juan 3:8
6. Mateo 6:33
7. Esta es nuestra escuela para entrenar a las personas en el estilo sobrenatural de la vida cristiana. El carácter y la santidad son el cimiento de nuestro entrenamiento, sin embargo, nos negamos a detenernos allí.
8. Mateo 10, Lucas 10, Mateo 28:18-20, respectivamente.
9. Mateo 4:17
10. Romanos 2:4
11. Éxodo 23 y Josué 1
12. Hechos 17
13. *Cuando el cielo invade la Tierra*.

›› CAPÍTULO 2 ‹‹‹

CÓMO VOLVERSE MORADA DE DIOS

Nacimos para vivir bajo un "cielo abierto". Sin esa bendición no lograremos suministrarle a la Tierra los recursos del cielo.

Mi esposa y yo nos encontrábamos en una reunión en Fortuna, California, con muchas otras personas de nuestra escuela y nuestro equipo. También estaban presentes varios pastores locales. Ellos, al haber adoptado el mensaje del Reino, animaron a sus congregaciones a participar. Sanar era extremadamente fácil esa noche[1]. De las doscientas personas que estaban esa noche, aproximadamente entre cuarenta y cincuenta reconocieron que Dios los había sanado durante esa reunión.

Había una mujer con el nervio óptico destrozado; los médicos le habían dicho que nunca más podría volver a ver de ese ojo, pero fue sana y ahora podía ver. Una persona sorda también fue sana instantáneamente esa noche, al igual que una mujer confinada a una silla de ruedas debido a una artritis paralizante. Danzó y gritó, expresando el gozo de su liberación. Otro milagro maravilloso ocurrió mientras nuestros estudiantes oraban por un niño con pies deformes. También fue sano. Debido a que los líderes se mantuvieron juntos en unidad y amor, era muy fácil entrar a la esfera del milagro.

Una revolución oportuna...

Estoy increíblemente entusiasmado por la revolución que está sucediendo en la Iglesia. Estamos volviendo a ser la morada de Dios que fue prometida en La Biblia. Hemos estado hambrientos de más, hemos orado por más, y ahora recibimos un entendimiento sin precedentes de nuestros privilegios y responsabilidades en el Reino de Dios. Las personas no solo meditan en estas ideas sino que están haciendo uso de ellas, y más y más, la voluntad de Dios se está haciendo como en el cielo, así también en la Tierra.

La Biblia habla mucho acerca de ser una morada para Dios, y "la casa de Dios" en la Tierra. ¿Qué significa ser la "casa de Dios"? ¿Por qué es importante este concepto? ¿Cómo debería cambiar la forma en que enfrentamos nuestras vidas cristianas diarias? ¿Qué tiene que ver con renovar nuestra mente? La respuesta: ¡Tiene todo que ver con estas cosas! Comencemos por volver a la primera mención acerca de la casa de Dios en La Biblia. Se encuentra en Génesis 28, que dice:

> *Salió, pues, Jacob de Beerseba, y fue a Harán. Y llegó a un cierto lugar, y durmió allí, porque ya el sol se había puesto; y tomó de las piedras de aquel paraje y puso a su cabecera, y se acostó en aquel lugar. Y soñó: y he aquí una escalera que estaba apoyada en tierra, y su extremo tocaba en el cielo; y he aquí ángeles de Dios que subían y descendían por ella. Y he aquí, Jehová estaba en lo alto de ella, el cual dijo: Yo soy Jehová, el Dios de Abraham tu padre, y el Dios de Isaac; la tierra en que estás acostado te la daré a ti y a tu descendencia.... Y despertó Jacob de su sueño, y dijo: Ciertamente Jehová está en este lugar, y yo no lo sabía. Y tuvo miedo, y dijo: ¡Cuán terrible es este lugar! No es otra cosa que casa de Dios, y puerta del cielo.... Y llamó el nombre de aquel lugar Bet-el...* (Génesis 28:10-13, 16-17, 19).

Debido a que esta es la primera mención en La Biblia acerca de la casa de Dios, el pasaje define la naturaleza del tema para el resto de Las Escrituras. Existen ciertos aspectos de esta casa a los que debemos prestar atención. Primero, Jacob dijo: *"Jehová está en este lugar, y yo no lo sabía"*. Esto nos dice que es posible estar en la presencia de la "casa de Dios" (que comenzaremos a definir en un momento) y nunca saber que está allí. En otras palabras, sin una revelación –en el caso de Jacob, un sueño– podemos ser ignorantes de la presencia de Dios y la obra que Él hace en nuestras vidas y a nuestro alrededor.

He estado en diversas reuniones y he observado una y otra vez cómo Dios transforma la vida de una persona de forma drástica y completa, pero la persona que está sentada a su lado no tiene ni idea de que Dios está en la casa. Piensa en qué comerá cuando llegue a casa, mientras que otros experimentan una reconstrucción espiritual total tan solo a unos pasos de ella. No sé cómo o por qué eso sucede, pero sucede todo el tiempo.

Uno de los antiguos ancianos de mi iglesia, Cal Pierce[2], era un miembro de la junta reconocidamente "aburrido" cuando comencé como pastor. Organicé una reunión especial de liderazgo debido a lo que Dios había comenzado a hacer en la iglesia poco después del avivamiento. Era obvio que necesitaba presentar este nuevo mover de Dios a los líderes para que realmente pudieran "encabezar el ataque". A Cal no le gustaba lo que sucedía en la iglesia y presenciaba la reunión sin muchas ganas. Pero Dios vino sobre su vida en uno de los actos más majestuosos que jamás haya presenciado. El Espíritu Santo vino sobre él poderosamente y lo atrapó para un nuevo trabajo. ¡Si el Espíritu Santo tuviese garras, este hombre las experimentó! Dios lo reclutó en tan solo un momento para algo nuevo. Ya había nacido de nuevo, sabía que iba al cielo, pero Dios tenía un propósito para su vida que era mucho mayor de lo que estaba experimentando. Dios lo despojó de todo lo que lo había frenado. Pero mientras él experimentaba esta transformación espiritual, hubo muchas personas en esa habitación que no sintieron ni se dieron cuenta de nada. Eran como Jacob antes del sueño. Dios estaba allí y no lo sabían.

Un cielo abierto...

Otra cosa importante acerca de la casa de Dios era que funcionaba bajo un cielo abierto, lo que quiere decir que la esfera diabólica se había quebrado y había claridad entre el dominio de Dios y lo que sucedía en la Tierra. En el sueño de Jacob está representado con una escalera con ángeles subiendo y bajando. Los ángeles suben cuando han cumplido su tarea y bajan cuando están en camino a realizar una tarea sobrenatural.

(Permíteme añadir algo de lo que a menudo hablo y escribo: estoy convencido que muchos ángeles han estado esperando por décadas que los cristianos tengan el estilo de vida lleno de riesgos que Dios espera de nosotros. Su trabajo es traer la realidad del dominio de Dios a las situaciones que afligen y atormentan a los humanos. Hebreos 1:14 nos dice: "*¿No son todos espíritus ministradores, enviados para servicio a favor de los que serán herederos de la salvación?*". Los ángeles son necesarios para completar la tarea del Señor. El Salmo 104:3 dice que Dios "anda sobre las alas del viento". El viento se describe como una presencia angelical. Dios en realidad marca su entrada en una situación *cabalgando* en la presencia angelical. Me atrevería a decir que nunca has estado envuelto en una actividad sobrenatural excepto cuando los ángeles del Señor estaban allí para hacerte cumplir y ayudarte a realizar tu tarea. Un estilo de vida sin riesgos no tiene mucha necesidad de ayuda angelical.)

Jacob se despertó de su sueño y declaró que el lugar donde se encontraba no era "*otra cosa que casa de Dios*". ¿Qué quería decir? No podía referirse a un refugio físico pues no había ningún edificio allí, ni siquiera un pequeño refugio para acostarse. Tampoco habrá querido decir que la casa de Dios era una organización, una tribu o un grupo religioso porque no había ninguna otra persona alrededor. Probablemente estaba confundido como cualquiera acerca del significado del sueño, y hasta donde yo sé tampoco encontró la respuesta a su misterioso y profético sueño, aunque se la debe haber preguntado por el resto de su vida. La respuesta llegó cientos de años después con la persona de Jesús, quien fue el cumplimiento inicial de esta profecía. Juan 1:14 dice:

> *Aquel Verbo fue hecho carne, y habitó entre nosotros (y vimos su gloria, gloria como del unigénito del Padre), lleno de gracia y de verdad.*

Habitar en este versículo significa "residir" (como Dios lo hizo en el tabernáculo). Jesús *residió* entre nosotros –El era la casa de Dios hecha carne– el lugar donde Dios moraba. Él fue el cumplimiento inicial de la imagen profética de Génesis 28. La casa de Dios no era un edificio, una ubicación o una denominación, sino una Persona. Podemos ver este ejemplo ampliado luego en el evangelio de Juan:

> *Respondió Natanael y le dijo: Rabí, tú eres el Hijo de Dios; tú eres el Rey de Israel.*
> *Respondió Jesús y le dijo: ¿Porque te dije: Te vi debajo de la higuera, crees? Cosas mayores que estas verás. Y le dijo: De cierto, de cierto os digo: De aquí adelante veréis el cielo abierto, y a los ángeles de Dios que suben y descienden sobre el Hijo del Hombre"* (Juan 1:49-51).

El cumplimiento de la casa de Dios comenzó con Jesús. Él era la casa de Dios en la Tierra. Pero este concepto no se detuvo con Él, ni mucho menos. Él era el cumplimiento inicial de la casa de Dios, pero no el último. Hay una gran diferencia. Por ejemplo, tu conversión no fue el último propósito de Dios para tu vida. Era el objetivo inicial que te levanta para el cumplimiento más importante, el cual es que estés lleno de Él, que tengas un estilo de vida cristiano normal como se define con lo que ocurre en el cielo. El propósito inicial de Dios con la casa de Dios era Jesús, el tabernáculo de Dios en la Tierra. Pero luego Jesús les dijo a sus discípulos en Juan 14:16, al referirse al Espíritu Santo:

Y yo rogaré al Padre, y os dará otro Consolador, para que esté con vosotros para siempre.

Pablo lo explicó detalladamente cuando dijo en 1 Corintios 3:16:

¿No sabéis que sois templo de Dios, y que el Espíritu de Dios mora en vosotros?.

Y en Efesios 2:19:22:

Así que ya no sois extranjeros ni advenedizos, sino conciudadanos de los santos, y miembros de la familia de Dios, edificados sobre el fundamento de los apóstoles y profetas, siendo la principal piedra del ángulo Jesucristo mismo, en quien todo el edificio, bien coordinado, va creciendo para ser un templo santo en el Señor; en quien vosotros también sois juntamente edificados para morada de Dios en el Espíritu.

¡Nosotros, la iglesia, los redimidos, somos el tabernáculo del Espíritu Santo, la eterna morada de Dios! Nosotros somos piedras vivas de acuerdo con 1 Pedro 2:4-5, adecuadamente colocadas, al construir la eterna morada de Dios. ¡Nosotros somos la casa de Dios! El sueño de Jacob no se refería solamente al Mesías sino también a ti y a mí y a cada creyente nacido de nuevo a través de toda la historia. Es el corazón de nuestra identidad.

La casa de Dios es el cuadro de las intenciones que Dios posee para tu vida y para todo lo que hagas. Él desea una casa donde poder morar, donde los ángeles asciendan y desciendan con una tarea y los cielos estén abiertos sobre las personas que permanezcan en Él, lo que significa que están conectadas con su afecto y amor hacia Él. Dios ansía muchísimo invadir este mundo con la realidad de lo que se compró en el Calvario. Pero espera por un pueblo que tenga una vida cristiana normal, al arriesgarse, al explotar constantemente los recursos del cielo que han estado inutilizados. Así es como funcionamos como casa de Dios.

Si entendemos y confiamos en nuestra identidad como casa de Dios, podemos hacer grandes proezas. Ningún poder de las tinieblas en cualquier esfera de la creación puede detener nuestra asociación con el Padre. Hay un cielo abierto sobre cada uno de nosotros, desde el cristiano más nuevo hasta el más maduro. Ser la casa de Dios significa que poseemos exactamente la misma autoridad que Jesús tiene a la diestra del Padre. Tenemos el derecho y el poder de ser su "casa", su personificación en la Tierra. En este preciso momento, como cristiano tienes absoluta libertad y acceso al cielo.

He estado en muchas ciudades que son conocidas por estar en tinieblas. Sin embargo, las prácticas de los líderes ocultistas no pueden bloquear el cielo abierto sobre cada creyente que permanece en Cristo. ¡Ni siquiera el endemoniado, atormentado como estaba, pudo evitar su "encuentro con Dios" al caer a los pies de Jesús en adoración! Nunca observo la falta de cielos abiertos, a menos que me sienta impresionado por los logros del diablo en esa ciudad.

Pero algunas de nuestras escaleras no han sido utilizadas durante mucho tiempo. No hay ángeles que suben y bajan porque no hemos entrado al área de lo sobrenatural. Ese es nuestro problema. Para ser la casa de Dios, debemos apresurarnos y rebozar con la vida, el gozo, la sanidad y la paz que son normales en el cielo. Debemos disponer nuestro corazón para ser una casa llena de su gloria adonde sea que vayamos.

La puerta del cielo...

Ahora movámonos de las escaleras y las casas a las puertas, que también se mencionan en Génesis 28 y que se refieren a nuestro llamado como casa de Dios. Recordarás que Jacob dijo: "*No es otra cosa que casa de Dios, y puerta del cielo*" (Génesis 28:17). Aclaremos que cuando hablamos de puertas no nos referimos a un nuevo camino hacia la salvación. Jesús, en otra parte de los evangelios, se refirió a sí mismo como la puerta (ver Juan 10:9). Él es la única puerta hacia la salvación, no hay otro camino.

Pero en este contexto y cualquier otro de La Biblia, "puerta" parece significar un lugar de transición y entrada. En lo natural podrías pasar por una puerta para ir desde el patio delantero hasta la vereda, o desde el patio trasero hasta la calle. De la misma manera, cuando decimos que la iglesia es la puerta del cielo, nos referimos al lugar donde la realidad de su dominio se encuentra disponible para toda la humanidad, ¡su mundo invade el nuestro!

Jesús habló acerca de las puertas en Mateo 16:18-19:

> *(...) y sobre esta roca edificaré mi iglesia; y las puertas del Hades no prevalecerán contra ella. Y a ti te daré las llaves del reino de los cielos; y todo lo que atares en la tierra será atado en los cielos; y todo lo que desatares en la tierra será desatado en los cielos.*

La Iglesia es la puerta del cielo (otra forma de decir la casa de Dios). Ahora Jesús introdujo la idea de la puerta del infierno. Cuando era más joven, leí esto de una manera equivocada y pensaba que quería decir que "las puertas del cielo prevalecerán sobre los ataques del enemigo". En ese momento encajaba bien en mi teología. Veía a la Iglesia como un grupo de personas encerradas dentro de un recinto, con los hombros contra la puerta, tratando de sostener el fuerte mientras el diablo y sus poderosos subordinados golpeaban contra ella. Veía a la Iglesia en una postura de temor y debilidad, tratando de proteger lo que poseía hasta que Dios se apresurara y nos rescatara del grande y poderoso diablo. Pero Jesús nos entregó la imagen opuesta. Él dijo: "*Las puertas del infierno no prevalecerán*". ¿Has pensado alguna vez que estamos a la ofensiva, no a la defensiva? ¡Los principados y los poderes que establecen los dominios o las "puertas" por toda la Tierra no prevalecerán contra nosotros! Estamos avanzando y ganando, y Jesús nos promete que al final, ninguna puerta del infierno permanecerá. ¡Guau!

¿Entonces dónde están precisamente las puertas del infierno? ¿Dónde se sienta con poder el diablo? Recordarás nuestros comentarios acerca de renovar la mente en los que denominé a la mente la guardiana del Reino de Dios. Es el lugar de entrada, transición y poder. Se deduce que las puertas del infierno se instalan en la mente de las personas. Jesús lo aclaró:

> *Desde entonces comenzó Jesús a declarar a sus discípulos que le era necesario ir a Jerusalén y padecer mucho de los ancianos, de los principales sacerdotes y de los escribas; y ser muerto, y resucitar al tercer día. Entonces Pedro, tomándolo aparte, comenzó a reconvenirle, diciendo: Señor, ten compasión de ti; en ninguna manera esto te acontezca. Pero él, volviéndose, dijo a Pedro: ¡Quítate de delante de mí, Satanás!; me eres tropiezo, porque no pones la mira en las cosas de Dios, sino en las de los hombres* (Mateo 16:21-23).

No dijo: "¡Pedro, adorador diabólico!". Tampoco dijo: "Estás lleno de toda clase de prácticas ocultas y engaños". Él dijo: "Tu mente está llena de las cosas de hombres". ¡Una cosa muy importante para recordar es que el diablo gana poder por el acuerdo humano! Esa postura mental era una puerta de la que Satanás fue liberado para traer destrucción. Decir: "Solo soy humano", es decir: "Solo soy satánico". La humanidad sin Cristo es satánica por naturaleza. Cuando se te ha dado el Espíritu de Dios, pierdes el privilegio de reclamar y decir: "Solo soy humano". ¡Eres mucho más que eso! De hecho, Pablo reprende a la iglesia de Corinto por comportarse como meros hombres[3]. 2 Corintios 10:5 confirma la ubicación de la puerta del infierno cuando dice: *(...) y llevando cautivo todo pensamiento a la obediencia a Cristo.*

La puerta del infierno está en nuestra mente cada vez que nos ponemos de acuerdo con el enemigo. Le entrego poder a él cada vez que me pongo de acuerdo con una perspectiva centrada en el hombre o con la sabiduría natural que no conoce a Dios. Le doy poder a las fuerzas demoníacas y me vuelvo una puerta para liberar su poder para matar, robar y destruir en mi vida. Es escalofriante, pero La Biblia indica que es un hecho.

Somos una puerta ...

Nuestra meta, entonces, es ponernos de acuerdo con el cielo todo el tiempo, permitir que nuestra mente sea la puerta del cielo en la que los ángeles asciendan y desciendan libremente con la tarea de Dios. No significa que literalmente van a fluir a través de nuestra mente. Se trata tan solo de que sean liberados a través del acuerdo. La Nueva Versión Internacional de La Biblia lo confirma cuando dice:

> *(...) todo lo que ates en la tierra quedará atado en el cielo, y todo lo que desates en la tierra quedará desatado en el cielo* (Mateo 16:19, NVI).

Este era el enfoque completo del ministerio de Jesús, y es una gran palabra de autoridad para nosotros. Todo lo que atemos ya ha sido atado. Nuestra tarea es ver qué es lo que está atado allí y luego atarlo aquí. Todo lo que es libre en la esfera celestial para funcionar necesita liberarse aquí. Debemos ser una gran puerta para el libre fluir de las realidades celestiales en este planeta.

No hace mucho tiempo atrás, durante una reunión, una mujer vino para que oráramos. Su bebé había muerto en su útero, pero la persona que estaba orando por ella le dijo: “El bebé no está muerto”. La mujer dijo: “Discúlpeme, ya he ido al médico, me han hecho los análisis y quitarán al bebé la semana próxima”. La persona que oraba dijo: “El niño no está muerto. El Señor me está hablando y dice que el niño vive”. Esta mujer regresó al médico y estaban todos asombrados porque el bebé que había estado muerto ahora tenía vida. La persona que había orado había obrado bajo un cielo abierto. Se había vuelto una puerta para que lo que el Padre había dicho en su trono se llevara a cabo sin estorbos por los ángeles con la tarea en la Tierra.

La primera vez que escuché acerca de atar y desatar fue hace más de veinticinco años atrás, y comencé a probarlo. Se me acercó un amigo que tenía problemas judiciales y no había ninguna duda de que ganaría, pero las cuentas del abogado le devoraban su dinero. El juicio lo había comenzado alguien que tenía el dinero y la intención de traer tormento a mi amigo. Esto siguió durante varios meses. Nos reuníamos y orábamos, y yo ataba ese espíritu de engaño, pero no sucedía nada. Entonces, un día escuché a un hermano enseñar acerca de este tema de una forma más completa. Había estado atando lo que no era libre para funcionar en el cielo, pero no lo había reemplazado con nada. Me reuní con mi amigo y le dije: "Necesitamos orar de nuevo. He estado atando el espíritu de injusticia, pero necesitamos desatar el espíritu de justicia". Oramos juntos, atando al espíritu de injusticia, al demonio de engaño y de acusación, y desatando en medio de la situación al espíritu de justicia y revelación de la verdad. Era simple, una oración directa. Me llamó a la hora siguiente para contarme que en la corte habían abandonado su caso. Desde entonces, continué viendo la misma clase de resultados al atar y desatar. Comencé a aprender, con pequeños pasos, cómo ser una puerta para que la realidad del cielo se apodere de cada parte de mi vida, y de la vida de las personas a mi alrededor, sin importar cuán grande o específica fuera la situación.

¿Cómo sabemos lo que está atado y desatado en el cielo? ¿Quién nos dice cómo es la realidad del cielo? La única manera de saber estas cosas y funcionar como la casa de Dios y la puerta del cielo es tener la revelación de lo que está sucediendo en el cielo. De otra manera, estamos obrando en las tinieblas. Dios siempre ha deseado liberar la verdad a su pueblo, respaldado por su Palabra, de las cosas que se encuentran en el cielo pero no tienen paralelo terrenal. En Juan 3:12, Jesús dijo:

Si os he dicho cosas terrenales, y no creéis, ¿cómo creeréis si os dijere las celestiales?

Expresaba el deseo de revelarnos cosas acerca de lo que sucede en la esfera espiritual que no poseen una imagen terrenal equivalente. Estoy convencido que al aumentar su gobierno y su Reino en esta Tierra, como dice a través de Las Escrituras: "*y el engrandecimiento de su Reino no tendrá fin*", y tanto como este planeta esté absorto en la gloria de Dios, la Iglesia recibirá revelación como nunca hemos visto. Nos pondremos de acuerdo con el Padre para liberar milagros y poder sin precedentes, alcanzando nuestro destino de ser la casa de Dios, la puerta del cielo.

Pero primero debemos aprender a estar hambrientos y recibir revelación como parte de nuestra vida diaria. La revelación nos ayudará a llevar a cabo nuestras tareas terrenales con mayor precisión y sabiduría. En el próximo capítulo hablaremos acerca de la revelación, y cómo saber lo que sucede en el cielo.

Notas

1. La sanidad siempre es fácil en el sentido de que "no lo hacemos nosotros, ¡Dios lo hace!" Pero a veces solo parece fluir mejor que otras. Esa fue una de esas noches.
2. El fundador de Spokane Healing Rooms, Cal, cuenta su historia con más detalle en su libro Preparing the Way.
3. 1 Corintios 3:3

›› CAPÍTULO 3 ‹‹‹

REVELACIÓN Y ENTENDIMIENTO

Crecemos con la revelación profética, pero perecemos sin ella.

Mi copastor, Kris, estaba viajando en avión desde San Francisco a Redding. Sentado frente a su esposa había un hombre desconocido llamado John. John medía alrededor de 1,80 metros, tenía un aro en la pera, la barba de chivo y un tatuaje con la cabeza de Satanás. Tocaba el bajo en una banda de heavy metal. Kris, que opera muy fuertemente con los dones del Espíritu Santo, comenzó a recibir revelación acerca de John, así que cambió de asiento con su esposa y entabló una conversación. Muy pronto, Kris hablaba directamente a la vida de John. "Tu padre te abandonó", le dijo Kris. "Pareces rudo, pero en realidad eres un nene de mamá. Amas a los niños y sientes como si tuvieras que trabajar con los huérfanos". John estaba shockeado por la exactitud de las palabras de Kris. Continuó diciendo: "Has estado pensando en casarte con una mujer en particular. Ella es la correcta. Ella te ayudará con estos cambios, porque tiene el mismo corazón que tú tienes. Dejarás la banda el año que viene y ella irá contigo a ministrar a los huérfanos por todo el mundo". Cada área a la que Kris se refirió ya había estado en la mente de John. Pero cuando Kris habló al respecto descubrió que Dios conocía los secretos de su corazón y en realidad se preocupaba por él.

La vida de John cambió desde ese momento debido a la revelación que vino sobre él durante la conversación. Esas cosas suceden a menudo con Kris y muchas otras personas de nuestra iglesia. Unos meses antes del episodio de John, Kris tomó otro vuelo y se sentó al lado de alguien que se había divorciado y se encontraba en conflicto con sus hijos. Kris le habló proféticamente a su vida, y le aconsejó acerca del perdón y dejar que sus hijos tuvieran relación con la nueva pareja de su ex esposa. Luego de un rato, el hombre miró a Kris y lleno de asombro le dijo: "¡Justo me has dado la clave que he estado buscando durante un año!". Nuevamente, esta era una muy simple demostración del amor de Dios, vista a través de un siervo dispuesto.

Esa es la naturaleza de la revelación, abre nuevas esferas de vida, de posibilidad, de fe. Es absolutamente imposible tener una vida cristiana normal sin recibir revelación frecuente de Dios. La Biblia no dice "Mi pueblo pereció por falta de milagros", o falta de dinero, o debido a las malas relaciones, o a malos líderes de adoración o a un grupo insuficiente de líderes de niños o cualquier otra cosa que podamos enumerar. Dice: "Mi pueblo fue destruido, porque le faltó conocimiento" (Oseas 4:6). Proverbios 29:18 dice de forma similar "Sin profecía el pueblo se desenfrena". Una traducción más correcta y completa es: "Sin revelación profética, las personas se desenfrenan, caminan en círculos, sin tener un destino cierto".

La palabra bíblica para visión no significa objetivos. Los objetivos son buenos, pero esta visión se refiere al espíritu de revelación que viene sobre tu vida y te da una visión de las cosas que son ocultas. La revelación es tan esencial en nuestras vidas que sin ella perecemos. No es una linda vitamina que podemos tomar o no; es por lo cual vivimos. Sin desarrollar la revelación profética que expande tu capacidad para ver la vida desde la perspectiva de Dios, perecerás. Sin ver las circunstancias presentes a través de los ojos de Dios, morirás espiritualmente. Es tan esencial que Pablo le escribió a los efesios –aquellos que parecían hacer las cosas como Dios mandaba, quienes experimentaron tal vez el mayor avivamiento documentado en el Antiguo Testamento– y les dijo que oraba para que Dios:

(...) os dé espíritu de sabiduría y de revelación en el conocimiento de él (Efesios 1:17b).

Si la iglesia de Éfeso, llena del avivamiento, necesitaba que le recordaran la importancia de la revelación, nosotros necesitamos recordarlo mucho más. La revelación es crucial para una vida cristiana normal.

Sintonizarse...

El problema es que muchos cristianos no se sintonizan con la revelación de Dios. Pablo lo dijo bien cuando escribió:

Y nosotros no hemos recibido el espíritu del mundo, sino el Espíritu que proviene de Dios, para que sepamos lo que Dios nos ha concedido... Pero el hombre natural no percibe las cosas que son del Espíritu de Dios, porque para él son locura, y no las puede entender, porque se han de discernir espiritualmente (1 Corintios 2:12, 14).

En este momento, en la habitación en que te encuentras sentado, están pasando películas. Si tuvieras el receptor correcto o una antena parabólica, podrías recibirlas. Solo porque no puedes ver las ondas pasar no significa que no estén allí. Con el receptor correcto podrías ver cualquier canal de televisión, cualquier programa, cualquier partido de fútbol, o escuchar conversaciones privadas en el teléfono celular u ondas de radio cortas. Pero sin el receptor correcto, no recibirás nada.

De la misma manera, La Biblia dice que el hombre natural no recibe las cosas del Espíritu de Dios. Si Dios habla por una radio FM y nosotros estamos en una AM, podemos girar todo el dial para la izquierda y luego moverlo lentamente por cada estación. Podemos citar un versículo con cada movimiento del dial. Podemos reclamar las promesas de Dios. Podemos hacer cualquier cosa que queramos, pero mientras estemos en AM y Él esté en FM, no recibiremos su mensaje porque lo está haciendo el hombre natural. La clave es tener discernimiento espiritual, abrir nuestro hombre espiritual para la revelación directa de Dios. La Biblia dice:

> *Antes bien, como está escrito: Cosas que ojo no vio, ni oído oyó, ni han subido en corazón de hombre, son las que Dios ha preparado para los que le aman. Pero Dios nos las reveló a nosotros por el Espíritu; porque el Espíritu todo lo escudriña, aun lo profundo de Dios* (1 Corintios 2:9-10).

El Espíritu Santo busca cosas que los oídos humanos nunca han escuchado o los ojos humanos nunca han visto. Es el motor de búsqueda más grande de todo el universo. ¡Ni qué hablar acerca de precisión y rapidez! Él busca en el mayor reservorio de información imaginable, el corazón del Padre. El Salmo 139:18 dice que los pensamientos de Dios acerca de cada uno de nosotros superan los granos de arena en cada costa de este planeta, y de acuerdo a Jeremías 29:11, todos esos pensamientos son de paz, bienestar y bendición. Dios ha estado allí mucho tiempo, y ha tenido mucho tiempo para pensar en ti. Ha vivido en la experiencia de conocerte mucho antes de que nacieras. No tiene solo apenas unos pensamientos al azar acerca de tu vida aquí y allí. Por miles de millones de años, Dios ha estado pensando en ti, y el Espíritu Santo busca todo ese archivo y te trae tesoros increíbles precisamente en el momento indicado, si tú estás escuchando.

Reconocer la revelación...

Sabrás cuando te está hablando porque tendrá una frescura. Siempre será mejor que cualquier otra cosa que puedas haberte imaginado. Y si Él te da nuevas ideas, probablemente te será imposible lograrlas mediante tus propias fuerzas. Sus pensamientos serán tan abrumadores que querrás acercarte a Él para que puedan ser llevados a cabo[1].

Muchas personas nacidas de nuevo saben lo que es estar en medio de una confusión o un problema y tener a alguien que te pueda decir unas palabras que traen una invasión sobrenatural de paz a tu alma. Tal vez ni siquiera tengas todas las respuestas que pensabas necesitar cinco minutos atrás, pero por alguna razón, no te importa. Sus palabras fueron el espíritu de revelación del mismo Dios. De la misma manera que Jesús se hizo carne, el Espíritu Santo se vuelve palabras, y al declararlas, traen vida[2]. Ni siquiera tenemos que entenderlo para aceptarlo. Tan solo debemos envolverlo con nuestro corazón y finalmente comenzará a tener sentido.

El libro de Proverbios dice que "*al hombre entendido la sabiduría le es fácil*" (ver Proverbios 14:6). Algunas personas poseen torrentes de revelación y otras no. Existen varias razones de por qué esto ocurre. Primero, depende de cómo construimos nuestra estructura de soporte. Existen pilares de verdades en los evangelios que forman los cimientos básicos de nuestra estructura. Una vez que tienes esto en su lugar, Dios añade más cosas con agrado, como un decorador adorna una casa luego de que los cimientos y las paredes ya están en su lugar. Un hombre de entendimiento acepta lo que Dios añade y no lo cuestiona. No vacila acerca de ello. Así es cómo una persona con entendimiento atrae mayor entendimiento. Guarda como un tesoro algo que Dios dice y eso forma el cimiento para una mayor revelación.

Otra manera de atraer revelación es obedecer lo que conocemos. Un hombre se acercó a Jesús y le preguntó qué hacer para ganar la salvación eterna[3]. Jesús le preguntó: "¿Qué dice que debes hacer?". El hombre dijo: "Ama al Señor tu Dios con todo tu corazón, toda tu alma y toda tu mente y ama a tu prójimo como a ti mismo". Jesús le dijo: "Haz eso y estarás bien" (paráfrasis mía). El hombre presionó a Jesús por más, pero Jesús no le daría información nueva. Le indicó algo que él ya sabía. La primera responsabilidad del hombre era obedecer la revelación que tenía. Hasta que no caminara en obediencia, no iba a obtener más.

La obediencia es la señal a Dios que dice: "Dios, quiero ir al próximo paso". El corazón tierno atrae el espíritu de revelación a una persona y/o a un grupo de personas; comienzan a ver y oír cosas que nunca antes habían visto ni escuchado. La Biblia incluso dice: *"Cuando se adormecen sobre el lecho, entonces revela al oído de los hombres"* (Job 33:15-16).

LA REVELACIÓN ESTABLECE LOS LÍMITES...

La revelación es para cada simple creyente, no solo para algunos "dotados". Cuanta mayor revelación lleva una persona, más fe va a poder ejercitar. Si yo creo que Dios no desea sanar a nadie, entonces mi revelación me limita cada vez que una persona enferma se acerca a mí. Debo decidirlo en mi corazón, ¿realmente es la voluntad de Dios sanar a las personas? Mientras que yo rechace la revelación de que Dios desea que todos sean sanos y completos, habré apartado mi vida de la liberación de la fe en esa área. La revelación aumenta el espacio en que puede funcionar nuestra fe. El engaño encoge nuestra área de fe.

Si tú crees que solo los Benny Hinn del mundo pueden orar por los enfermos y lograr el éxito, entonces tu fe funcionará dentro de los límites de esa idea equivocada. ¿Pero qué sucedería si las palabras de Jesús cobraran vida en ti, como dice en Mateo 10 donde los envió de dos en dos y les dijo que sanaran a los enfermos, resucitaran a los muertos, sanaran a los leprosos y echaran fuera a los demonios? ¿Qué sucedería si te dieras cuenta que el estilo de vida que Jesús tenía y enseñaba tenía el fin de ser tu estilo de vida? La revelación ampliaría los límites para que tu fe funcione.

LA REVELACIÓN NO ES DADA SIN CUIDADO...

En Mateo 13, los discípulos preguntaron: "*¿Por qué les hablas por parábolas?*" y Jesús les respondió:

Porque a vosotros os es dado saber los misterios del reino de los cielos; mas a ellos no les es dado (Mateo 13:10-11).

La revelación no es algo que podamos desenterrar de un libro teológico o de una guía de estudio. Ni siquiera es algo que puedes desenmarañar de La Biblia por ti mismo. La revelación se encuentra cerrada con llave en una esfera que La Biblia denomina "misterio". Un misterio no se puede perseguir y atrapar como un animal. No puede descubrirse con una búsqueda persistente. Debe ser revelado. No abrimos los misterios, se abren para nosotros. Y solo se abren y son revelados a aquellos que tienen hambre de ellos. Jesús dijo que Él escondía la verdad en parábolas para que fuera un misterio para algunos, pero no para otros. De la misma manera, colocó oro en las rocas y dijo: "Si lo quieres, ve, búscalo y desentiérralo". La Biblia dice:

Gloria de Dios es encubrir un asunto; pero honra del rey es escudriñarlo (Proverbios 25:2).

Dios no toma las perlas de la revelación –aquellas cosas que fueron ganadas a través de las adversidades y las dificultades, los conflictos y la irritación – y las lanza libremente a cualquiera.

No podemos entrar a la revelación sin la ayuda del Espíritu Santo de Dios. 1 Corintios 2:6-8 lo confirma cuando dice:

Sin embargo, hablamos sabiduría entre los que han alcanzado madurez; y sabiduría, no de este siglo, ni de los príncipes de este siglo, que perecen. Mas hablamos sabiduría de Dios en misterio, la sabiduría oculta, la cual Dios predestinó antes de los siglos para nuestra gloria, la que ninguno de los príncipes de este siglo conoció; porque si la hubieran conocido, nunca habrían crucificado al Señor de gloria.

Desafortunadamente, el misterio no es algo que la mayoría de las personas en el mundo occidental aprecian. Tenemos esta idea de que Dios conoce nuestro domicilio y si quiere que entendamos algo o tengamos una experiencia, Él nos la enviará. No queremos trabajar por ella o estar hambrientos de ella. El espíritu de autocompasión ha encontrado muchísimos hogares en esta cultura, pero la autocompasión no atrae la visitación de Dios. La fe lo hace. La fe mueve la economía de los cielos. Es la moneda corriente del cielo.

El misterio debería ser una parte continua de nuestra vida. Siempre deberías tener más preguntas que respuestas. Si tus encuentros con Dios no te dejan con más preguntas que antes de empezar, entonces has tenido un encuentro inferior. Una relación con Dios que no provoca esa esfera de misterio y maravillas es una relación de segunda. Nos ayudaría mucho a todos nosotros si, cuando nos retiramos de algunas reuniones de la iglesia, tuviéramos que rascarnos la cabeza y preguntarnos qué es lo que sucedió. ¡Él es el Dios de maravillas, el Dios de asombro! Pero la ternura del corazón nos permite entrar en la esfera de la revelación que abre los misterios de Dios.

Buscar la revelación...

Aunque no podemos chasquear nuestros dedos y hacer que tengamos revelación, aun así, debemos estar hambrientos y perseguirla. Jeremías 33:3 dice:

> *Clama a mí, y yo te responderé, y te enseñaré cosas grandes y ocultas que tú no conoces.*

La palabra *ocultas* es una palabra del Antiguo Testamento que es similar a la palabra *misterio* del Nuevo Testamento. Es una imagen de algo que está fuera del alcance, irrealizable, detrás de un fuerte. Dios ha escondido cosas grandes y misteriosas para nosotros, no de nosotros. Él ya nos ha asignado esta esfera de misterio del Reino, pero no es para cualquiera. Es para aquellos que están abiertos y hambrientos por ella. Jeremías utilizó la palabra clama, que significa: gritar al Señor con la voz muy alta. Describe a una persona lo suficientemente desesperada como para abrir su corazón por completo y dirigir un grito muy profundo desde el espíritu. Esa parte profunda del hombre llama a la parte profunda de Dios[4]. Esa apertura del corazón determina el nivel de revelación que recibimos. Son muy pocas las personas que conozco que reciben revelaciones abundantes o visitaciones de Dios sin una búsqueda con temor. La mayoría de las personas que conozco que reciben revelación gritan día y noche por esa llenura del Espíritu Santo. Las oraciones casuales tienen por resultado revelaciones casuales. Los gritos profundos hacen que Dios te "escuche" y te "responda" y te "enseñe cosas grandes y ocultas que tú no conoces".

Es el equivalente del Antiguo Testamento de la promesa de Efesios 3:20 cuando dice:

Y a Aquel que es poderoso para hacer todas las cosas mucho más abundantemente de lo que pedimos o entendemos, según el poder que actúa en nosotros.

1 Corintios 2:9 dice:

Cosas que ojo no vio, ni oído oyó, ni han subido en corazón de hombre, son las que Dios ha preparado para los que le aman.

La oración –el grito desesperado del corazón del hombre– inicia el comienzo de la revelación de nuestro corazón y nuestra mente.

2 Pedro 1:2-3 lo dice de esta manera:

Gracia y paz os sean multiplicadas, en el conocimiento de Dios y de nuestro Señor Jesús. Como todas las cosas que pertenecen a la vida y a la piedad nos han sido dadas por su divino poder, mediante el conocimiento de aquel que nos llamó por su gloria y excelencia.

El espíritu de revelación abre nuestro entendimiento de quién es Dios, y de ahí proviene la liberación del poder del cielo. Ese poder nos da entrada a todas las cosas referentes a la vida y a la santidad. Ese encuentro con Dios no solo dará forma al mundo a tu alrededor, sino que dará forma al mundo a través tuyo.

Las personas más reverenciadas del Antiguo Testamento eran los profetas debido al espíritu de revelación que venía sobre ellos. Los reyes les temían. Sabían que podían hacer cualquier cosa en secreto y los profetas lo sabrían. La Biblia incluso dice: *"Porque no hará nada Jehová el Señor, sin que revele su secreto a sus siervos los profetas"* (Amós 3:7). Y ahora ese espíritu de revelación no está limitado a las personas con dones únicos. Es dada abundantemente a cualquiera que la busca y la pide, incluyéndote a ti.

Oseas 6 dice que seguimos avanzando en conocer al Señor, que quiere decir buscamos un encuentro con Dios, una revelación que nos lanza hacia una nueva conciencia de cómo debe ser nuestra vida. *Y conoceremos, y proseguiremos en conocer a Jehová* (Oseas 6:3).

El grito de Oseas era: "Sigamos avanzando; persigamos y atrapemos el encuentro con Dios que cambia nuestro entendimiento de la realidad". Esa es la clase de búsqueda implacable que cada creyente debería hacer de las cosas de Dios. Necesitamos revelación para renovar nuestra mente, para ayudarnos a probar que la voluntad de Dios es *"así en la Tierra como en el cielo"*.

No puedo vivir sabiendo que hay esferas de misterio, y llaves para esas esferas, que están disponibles para mí pero que aún no he descubierto. No puedo sentarme y decir: "Si es la voluntad de Dios, Él puede dejar caer una revelación sobre mi regazo". Necesito más, constantemente. Mi espíritu tiene hambre de cosas que aún no he conocido. A veces, me encuentro con ciertas personas cuya personalidad y dones son diferentes pero tan complementarios a los míos y obtengo revelación tan rápido en una conversación que desearía tener un grabador conmigo todo el tiempo. Obtengo el conocimiento que conecta otras quince cosas acerca de las que he estado pensado y las uno. Esos son momentos maravillosos.

Y también sé que como cristianos siempre viviremos en tensión entre lo que entendemos y lo que permanece siendo un misterio. Hace unos años un famoso autor hizo un comentario acerca de una serie de libros que había escrito y dijo: "No sé lo que está mal, pero son muy perfectos. Responden cada pregunta y remueven la esfera del misterio. Así que sé que hay algo mal".

No podemos vivir solo en lo que entendemos porque entonces ya no crecemos ni progresamos; tan solo viajamos por los mismos caminos familiares que hemos recorrido durante toda nuestra vida cristiana. Es importante que nos expongamos a imposibilidades que nos fuercen a tener preguntas que no podamos contestar. Es parte de la vida cristiana, y es por eso que la vida cristiana es llamada "la fe". La vida cristiana normal está perfectamente suspendida entre lo que entendemos hoy, y la revelación que se despliega y viene a nosotros desde la esfera del misterio.

LA REVELACIÓN QUE SE EXPANDE...

Esta esfera de misterio y revelación va mucho más allá de lo que normalmente consideramos como "ministerio". Existen vastos recursos de revelación en el cielo para las áreas de educación y negocios, el arte y la música, y estos recursos no han sido utilizados ni siquiera cerca de todo lo que ofrecen. Hay melodías que nunca se han tocado. Hay contenido lírico que ministraría profundamente a la Iglesia y que llevaría al mundo a la conversión. Nuestro trabajo es echar mano de la revelación del Señor en nuestra área de talento o don para poder reflejar fiel y poderosamente al Rey y a su Reino.

Estoy convencido que el ritmo de la revelación aumentará rápidamente en estos últimos tiempos de la historia. Amós 9:13 dice: *"el que ara alcanzará al segador"*, que quiere decir que las estaciones ya no serán muy distintas. Se superpondrán y así se plantará y se cosechará en un mismo movimiento. Viviremos en una estación sobrenatural cuando el entendimiento venga más rápidamente y dé fruto de forma mucho más impresionante. Ya podemos ver la aceleración en la historia en el desarrollo de la tecnología, la ciencia y la medicina. El conocimiento del hombre está aumentando, pero no pienses ni un momento que Dios no hará lo mismo o más por la Iglesia en las cuestiones espirituales. Él busca hombres y mujeres con entendimiento. Él está preparado para añadir la madera laminada al cuadro de la revelación, pero primero debemos tener el marco. Él está preparado para colocar el empapelado y la decoración y liberar la revelación a cada uno de nosotros en cantidades que todavía no hemos conocido.

Esa aceleración de la revelación ha comenzando en nuestros días. Dios está atrayendo a las personas a la intimidad para que conozcan cómo piensa y se mueve. Las personas son despertadas a esa atracción y, en el proceso, a un sentido de sus destinos. No se trata de la grandeza o los logros de una persona o iglesia en particular. Se trata de los propósitos de Dios de ser revelado al planeta. La revelación constante y los encuentros con el poder de Dios nos lanzan al entendimiento de cosas que nunca antes habíamos entendido.

En la actualidad, cada denominación, iglesia y grupo parece tener revelación en ciertas cuestiones del Reino. Nadie tiene todo el panorama; Dios se niega a dárselo todo a una sola persona o grupo porque quiere que seamos miembros interdependientes unos de otros. Pero en estos últimos tiempos, Dios liberará un espíritu de revelación sobre la Iglesia con el que nos arrepentiremos por nuestras áreas de gran diferencia porque lo veremos como Él es, escucharemos su Palabra como Él la declara, y literalmente seremos enseñados por su Espíritu. Nos estamos acercando a una hora en la que habrá una revelación común[5], como dice La Biblia: "*todos me conocerán*" (Jeremías 31:34). Creo que está hablando de un tiempo en que el pueblo de Dios simultáneamente escuchará y verá revelaciones similares, sin importar el grupo o la iglesia.

Permitámonos ser las personas con revelación de Dios continua y que cambia vidas. Pero nunca permitamos que la revelación se detenga allí. Debe guiarnos a una experiencia directa y práctica para tener algún efecto. Eso es lo que veremos en el próximo capítulo.

Notas

1. Lo más importante para recordar en este tema es que Él nunca contradirá su Palabra, La Biblia.
2. Juan 6:63
3. Lucas 10:25-28
4. Salmo 42:7
5. Efesios 4:13

››› CAPÍTULO 4 ‹‹‹

EL ENTENDIMIENTO ES UNA EXPERIENCIA

Necesitamos una experiencia de lo que creemos.

Luego de un extenso tiempo de ministración en África, un equipo de ministración de nuestra iglesia se dirigió a Johannesburgo, Sudáfrica, antes de dejar el continente. No limitaron la ministración a una reunión dentro de una iglesia; estaban preparados para ir donde fuera. Luego de terminar con el principal objetivo del viaje, caminaban desde el hotel a un restaurante, tratando de relajarse y comprar regalos, cuando se toparon con un hombre sin hogar llamado Pedro que se encontraba en silla de ruedas. Pedro les contó cómo había estado paralítico durante once años luego de caerse de una altura de cuatro pisos. No podía sentir nada de la cintura para abajo y apenas podía mover los brazos. El día anterior, los pandilleros locales lo habían llevado a un campo y lo habían dejado allí para morir. Pedro se había dado por vencido, pero escuchó a Dios decir: "Si te quedas aquí, morirás". Así que se arrastró todo el camino hacia la ciudad utilizando solo los brazos.

El equipo oró por él y la pierna de Pedro comenzó a temblar sin parar. "¿Qué me está sucediendo?", gritó. Comenzó a llorar y a arrepentirse por haberse enojado con Dios. Incluso prometió dejar de fumar. Un miembro del equipo fue a comprar medias y zapatos al ver que Pedro caminaría pronto. Los colocaron en sus pies, y sintió un cosquilleo en sus dedos, la primera sensación que tenía desde hacía once años. Lo levantaron y comenzó a caminar. Su semblante cambió completamente. El hombre que había empujado la silla de ruedas durante años también fue salvo y todos juntos comenzaron a cantar: "Nuestro Dios es un Dios maravilloso".

Ese estacionamiento se volvió el escenario de un ministerio espontáneo cuando se corrió la noticia acerca de la sanidad de Pedro. Las personas se detenían con curiosidad para observar lo que estaba sucediendo, y enseguida eran salvos y llenos del Espíritu Santo. Luego llegó un auto y el conductor trataba impacientemente de pasar entre la multitud. Los miembros del equipo se acercaron al auto y descubrieron que uno de los ocupantes era el que le había robado a Pedro y lo había dejado en medio del campo para morir. El hombre salió del asiento trasero y huyó del lugar. Los otros dos vieron cómo Pedro había sido sano y le entregaron sus vidas a Cristo y cortaron su relación con las bandas de brujería. Entre todo eso había una docena de nuevos cristianos, algunos llenos del Espíritu Santo, y un lisiado que ya no era lisiado, ¡todo en el camino a comer algo!

Eso se llama poner en práctica la revelación. Te das cuenta, renovar la mente no es simplemente leer palabras en una hoja y tener un momento de revelación acerca de un versículo en particular. Para muchas iglesias eso es el renovar de la mente, pero en el mejor de los casos, esa es la mitad de la ecuación. La renovación que viene como revelación te lleva *a una nueva experiencia con Dios*, como tuvieron esas personas ese día en Sudáfrica. Tal vez tengas un momento de inspiración mientras lees La Biblia o escuchas a alguien predicar acerca de Las Escrituras, pero sin dar el próximo paso hacia la experiencia, el proceso se estanca y no hay renovación.

Jesús lo dijo de la siguiente manera en Juan 5:39:

Escudriñad Las Escritura; porque a vosotros os parece que en ellas tenéis la vida eterna; y ellas son las que dan testimonio de mí.

Este pasaje expresa claramente que la revelación está hecha para llevarnos a un encuentro con Dios, y si no lo hace, solo nos hace más religiosos. La revelación nunca es dada para aumentar el conocimiento de nuestra mente. En el mejor de los casos, ese es una consecuencia. ¡Probablemente todos somos tan "inteligentes" en cuanto a las cuestiones bíblicas que podríamos ahogarnos en una inundación de información! Algunos teólogos leen Las Escrituras doce horas por día y no tienen ninguna idea acerca del Reino de Dios. Pueden recitar evidencia interminable de su conocimiento, pero no hay nada de revelación o transformación en sus vidas. Eso les ha sucedido a muchos cristianos que a veces han adoptado una rutina de lectura bíblica sin permitir que la lectura lleve a la experiencia. Para renovar la mente no solo debemos pensar de manera diferente sino vivir de manera diferente, en una nueva experiencia de llenura de poder del Espíritu Santo.

REVELACIÓN CON PIES...

Una noche, tres jóvenes de nuestra iglesia se encontraban en una heladería cuando de repente sintieron que la presencia y el poder de Dios cayó sobre ellos, casi como un estallido de fuego. Al darse cuenta que Dios estaba tramando algo, miraron a su alrededor para encontrar alguna oportunidad de participar en lo imposible y vieron a un hombre joven con muletas. Se le acercaron y entablaron una conversación. Dijo que se había caído de una altura de cuatro metros dentro de más de medio metro de agua y se había quebrado el cóccix. Hasta el momento no lo había revelado, pero era una estrella de las carreras de una de las escuelas secundarias locales. Oraron por él y de repente tiró las muletas y comenzó a saltar. Luego salió corriendo ida y vuelta tan rápido como cualquier atleta en competición. Las personas que se encontraban en el estacionamiento observaban asombradas y desconcertadas. Él continuaba gritando: "¡Gloria a Dios! ¡Gloria a Dios! ¡Siempre quise que Dios hiciera algo como esto en mi vida!". Estaba completamente sano.

Esos jóvenes pusieron en práctica su revelación del poder de Dios para sanar. En lugar de tener una noche simple en la heladería, buscaron una oportunidad para que Dios hiciera un milagro. ¡Esa es la manera de poner la revelación a trabajar!

Cuando Dios nos revela cosas, debemos poner a trabajar esas cosas. Si no lo hacemos, perderemos el poder y la oportunidad que la revelación nos ofrece. Jesús advirtió:

> *Cuando alguno oye la palabra del reino y no la entiende, viene el malo, y arrebata lo que fue sembrado en su corazón* (Mateo 13:19).

La revelación del Reino a menudo se representa como una semilla con vida de otro mundo que proporciona nuevas posibilidades. Pero cuando una persona escucha la palabra y no la entiende, el enemigo tiene abierta la entrada a esa semilla y la puede robar. En nuestra cultura, definimos al entendimiento solo como el razonamiento cognitivo, el llegar a una conclusión y a un entendimiento completo. Pero en la cultura oriental, que es la cultura de Las Escrituras, el entendimiento es una experiencia. Significa dedicarse a actividades que involucran los cinco sentidos. De hecho, la palabra griega para entendimiento en este versículo significa "aprendizaje que se lleva a cabo mediante los cinco sentidos". Significa hacer, como en la experiencia humana práctica. La visión bíblica del entendimiento significa mucho más que asentir mentalmente; significa practicar en la vida real lo que uno ha aprendido mediante la revelación. Es por eso que los líderes judíos le dijeron a Jesús:

> *Rabí, sabemos que has venido de Dios como maestro; porque nadie puede hacer estas señales que tú haces, si no está Dios con él* (Juan 3:2).

Entender también significa rendirse a algo antes de poder explicarlo, definirlo o describirlo. El entendimiento bíblico sobrepasa demasiado al intelecto. Hebreos 11:3 dice: "*Por la fe entendemos haber sido constituido el universo por La Palabra de Dios, de modo que lo que se ve fue hecho de lo que no se veía*". No tenemos fe porque entendemos, sino que entendemos porque tenemos fe. En otras palabras, es imprescindible aceptar y entender las cosas sin satisfacer completamente al intelecto. Cuando leo La Biblia no siempre entiendo lo que estoy leyendo. El aprendizaje bíblico se lleva a cabo primero en el espíritu, y al obedecer al Espíritu de Dios, nuestro espíritu se comunica con nuestra mente para que entendamos intelectualmente. Pero el entendimiento no es un requisito para la obediencia. Un cristiano normal es aquel que obedece las revelaciones y las indicaciones del Espíritu Santo sin entender. El entendimiento a menudo se desarrolla en la experiencia.

Para entender, debemos obedecer las revelaciones y ponerlas en práctica. Por ejemplo, digamos que le hablo a mi iglesia acerca de cuidar a los pobres, algo que nos encanta hacer. Podría pararme el domingo a la mañana y hacer el mejor trabajo que pueda para ilustrar la terrible situación y la necesidad de los pobres. Todas las personas presentes podrían ser tocadas en sus emociones. Pero si no hacen nada práctico dentro de las dos o tres semanas siguientes –tal vez encontrar una familia pobre para ayudar– entonces la palabra está abierta a ser quitada del corazón, que es el lugar donde transforma sus vidas. La revelación solo nos lleva a mitad de camino; la experiencia nos lleva por todo el camino. Lo trágico es que si no nos movemos hacia la experiencia, esa revelación permanece encerrada en tu mente, y entonces piensas que está activa en tu vida. La próxima vez que escuches un mensaje acerca de ayudar a los pobres, tal vez digas: "Amén. Las otras personas en esta habitación necesitan escuchar eso", aunque no hayas hecho nada para ayudarlos. Escuchar sin hacer nada te ha encerrado en una forma sin poder.

Existen grandes audiencias, grandes multitudes, grandes denominaciones y movimientos que pelearían hasta la muerte para defender la sanidad divina, o la profecía o muchas otras prácticas, pero que nunca ven esas cosas suceder. Piensan: "Entiendo el concepto. Estoy de acuerdo con que eso suceda. Si es la voluntad de Dios, Él sabe mi dirección y me puede dar esa gracia". Poseen la revelación, pero no pueden indicar ninguna prueba de su validez en su experiencia personal. No pueden mostrarle a nadie cómo hacerlo. Su concepto mental los aísla de la convicción de que algo más necesita suceder. Desarrollan una anestesia que amortigua su sensibilidad para la transformación personal. Fueron robados de la experiencia y solo pueden recitar principios. Es pura religión, forma sin poder.

Por ejemplo, Jesús dijo en Juan 3:13: *"Nadie subió al cielo, sino el que descendió del cielo; el Hijo del Hombre, que está en el cielo"*. Un versículo extraño, ¿no? Tendemos a pensar del cielo como un lugar que se encuentra allá en el espacio en vez de pensar en un lugar que coexiste con nosotros. Nos resulta difícil comprender y envolver nuestros corazones en esta declaración, y así dejamos que se vuelva una declaración linda y alentadora sin una aplicación práctica en nuestras vidas. ¿Qué significa, el Hijo del Hombre, que está en el cielo? ¿Qué dice acerca de nuestra tarea aquí en la Tierra? ¿No significa que, al igual que Jesús, deberíamos vivir con una actitud de morar en las esferas celestiales y vivir enfrentando las aflicciones, enfermedades y dificultades del mundo a nuestro alrededor? ¿No deberíamos funcionar como embajadores de otro mundo, al vivir en la esfera de la fe, que es la esfera del Espíritu, que se llama "el Reino"?

Pero muchos de nosotros no nos hemos dado cuenta que podemos demandar que la verdad se vuelva una experiencia. La revelación debería cambiar nuestros corazones antes de que pudiéramos explicar lo que aprendimos. La Biblia dice que, en realidad, estamos sentados a la diestra del Padre en Cristo Jesús en los lugares celestiales. Esto fue escrito para que lo experimentemos, no para que tengamos una buena teología, o para que nuestras declaraciones doctrinales sean correctas y concisas. Declaraciones como estas son plataformas de lanzamiento hacia encuentros donde experimentamos las mismas cosas que están en las páginas. Aquí Jesús nos está mostrando lo que es posible para cualquier persona que haya sido limpiada del pecado por la sangre de Jesús.

La práctica de sanar..

Durante los días del Imperio Romano, mucho de lo que entonces se denominaba Iglesia tenía poco entendimiento o seguridad acerca de la salvación. Mientras que la experiencia de la salvación por fe siempre ha sido parte de la verdadera Iglesia, esta revelación se dejó en suspenso por mucho tiempo. Pero hace cientos de años, fue puesta a la vanguardia, y la Iglesia comenzó a proclamar nuevamente que la salvación es solo por fe. Aun así, fue un proceso más prolongado de lo que es hoy en día. Muchos buscaban a Dios en oración y examinaban Las Escrituras, a veces durante semanas e incluso meses, antes de tener la seguridad de que habían nacido de nuevo. Muchos murieron sin saber acerca de la seguridad de su salvación. Pero debido a que la Iglesia abrazó esta revelación incondicionalmente, al enseñarla, practicarla, y edificar la fe de las personas en ella, hoy la consideramos la cosa más simple del mundo. Oramos por un pecador para que reciba a Jesús y no tenemos duda alguna de que esa persona instantáneamente se convierte. Muchos de nosotros no nos damos cuenta que ahora solo es "fácil" porque las generaciones anteriores trabajaron para plantar y regar esta revelación al ponerla en práctica. Durante dos siglos, la Iglesia en esta nación no ha perdido de vista el poder de la conversión. Lo ha enseñado, lo ha predicado, ha salido a las calles con él y ha escrito libros acerca de él. En la actualidad estamos sobre la ola de una herencia de fe que ha aumentado por muchas generaciones.

Algo similar sucedió con la adoración. Durante los últimos cien años, la adoración ha cambiado considerablemente. Solía ser formal y apagada, nunca personal en su expresión a Dios. Luego, ciertas iglesias y movimientos comenzaron a adorar con exhuberancia, con la voz en alto y las manos levantadas, expresiones que la mayoría de las corrientes dominantes de cristianos de la época rechazaron y ridiculizaron. Esos "adoradores extremos" pagaron el precio. Pero hoy en día, puedes ir a casi cualquier iglesia y ver a las personas exaltar el nombre de Jesús con las manos y las voces en alto. Nuestro entendimiento de esta revelación ha venido a través de la experiencia y la práctica, y la "mente" de la Iglesia ha sido renovada.

La revelación de la sanidad se encuentra en una trayectoria similar. Los cristianos son absolutamente responsables de traer sanidad divina a las personas, de "probar la voluntad de Dios", al alinear la realidad terrenal con lo que es verdad en el cielo. La sanidad es parte de la vida cristiana normal. Dios lo colocó en su libro; lo ilustró en la vida de Jesús. Nos mandó a copiar lo que hizo Jesús. Entonces, ¿por qué nos resulta tan fácil estar completamente convencidos cuando oramos para que alguien sea salvo que nuestra oración va a tener efecto, y sin embargo, cuando oramos por sanidad nos cuesta creer que la persona va a ser sana? Porque la salvación, al referirse a una experiencia de nacer de nuevo, ha sido abrazada y enseñada continuamente por la Iglesia durante siglos, mientras que la revelación de la sanidad no ha sido abrazada por todos, y hasta ha sido peleada. Hoy en día, en muchas iglesias, si oras para que las personas sean sanas pueden considerar que estás obrando bajo la influencia del diablo, ¡mientras que la enfermedad se considera un regalo de Dios para hacer de las personas mejores cristianos! ¡Piensa acerca de cuán bajo la Iglesia ha caído para creer semejantes mentiras! Hemos tolerado el engaño que acusa a Dios de hacer lo malo, y por eso en la actualidad la sanidad sigue siendo tan controversial, poco practicada y poco entendida.

¿Qué hubiera sucedido si unos siglos atrás los cristianos hubiesen abrazado el poder del Evangelio para traer sanidad al cuerpo físico, las emociones y la mente? ¿Qué hubiera sucedido si la Iglesia hubiese abierto camino a través de ese suelo resistente, generación tras generación? En lugar de "algunos héroes de la sanidad" que marcan el rastro de la historia, todo el cuerpo de Cristo reconocería la sanidad como una parte fundamental de la gran comisión. Los cristianos normales verían deformidades y dirían: "No hay problema". Cáncer, "No hay problema". Miembros paralizados, "No hay problema". Oraríamos con poder sin una pizca de duda.

¿Puedes imaginarte a Jesús diciéndole a Bartimeo: "Esta ceguera es un regalo de mi Padre para hacerte una mejor persona"? Y sin embargo, esa es la postura que toman la mayoría de los cristianos. No entienden la sanidad porque no poseen ninguna experiencia con ella. No han puesto en práctica la revelación. Estoy tan cansado de ver personas que oran por los ciegos y le piden a Dios que abra los ojos del corazón. ¡El problema se encuentra en sus ojos físicos! La Iglesia no sabe qué hacer con las personas ciegas, o con cualquiera con una aflicción verdadera.

Parte de lo que nos frena es nuestra preocupación por ser excesivos. No queremos que las personas piensen que somos unos locos religiosos; le tememos más al exceso que a la falta de algo. Por eso muchos cristianos evitan el tema de la sanidad. Probablemente hayas escuchado a algún hermano o hermana en el Señor decir: "Deberías leer este libro. Está muy bueno, pero ten cuidado porque el autor tiene una extraña doctrina en tal y cual punto". A las personas les encanta agregar advertencias. ¿Pero acaso alguien alguna vez te ha entregado un libro o un video y te ha dicho: "La enseñanza de este muchacho es muy buena, pero ten cuidado porque nunca ha resucitado a nadie; el cáncer no abandona el cuerpo de las personas cuando él ora?" No, porque como cuerpo nos falta entendimiento experimental de la revelación de la sanidad y lo sobrenatural.

Cuando pongas en práctica la revelación, no lo harás el ciento por ciento bien. Tal vez ni siquiera lo hagas bien en un cincuenta por ciento. Pero aprenderás y crecerás a un nivel mayor de madurez que de otra manera no hubieras alcanzado. En nuestra iglesia, la única manera que conocemos de aprender es experimentar. Muchas veces fracasamos y en ocasiones lo hacemos bien. Pero estamos a años luz de donde nos hubiéramos encontrado si no hubiésemos probado nada. En la actualidad, conozco personas que se emocionan cuando se encuentran con alguien físicamente enfermo o que está muriendo. Ven muletas, bastones, sillas de ruedas y yesos, y se regocijan. Un joven que conozco entró a un negocio y vio a alguien con la pierna quebrada y pensó: "Dios me ama tanto que puso justo enfrente de mí a un hombre con la pierna quebrada". ¡Luego las ministra y las personas son sanadas! Su perspectiva es completamente opuesta. No evita lo imposible; se siente atraído por lo imposible. Está convencido que Dios le está mostrando su favor al colocarle enfrente de alguien que necesita una intervención sobrenatural.

Un pastor y su esposa de mi región tienen pasión por la sanidad. Se encontraban en un estacionamiento y vieron a un hombre con muletas metálicas y el cuerpo retorcido. Era obvio que tenía mucho dolor. La esposa del pastor, que es una apasionada por las cosas de Dios, le preguntó si podían orar por él así que lo corrieron a un lado. La esposa del hombre estaba avergonzada de hablar acerca de Dios y no quería saber nada acerca de la improvisada reunión de oración. Pero este hombre estaba afligido, había orado durante dieciocho años para morir. Les permitió que oraran y su cuerpo se acomodó y se enderezó. Corrió a gran velocidad por todo el estacionamiento, regresó, tomó las muletas de metal, y las lanzó a través del estacionamiento. Ahora era absolutamente libre y sano.

¡Eso es lo que sucede cuando desembalamos la revelación y la ponemos a trabajar en la vida de las personas!

En Rugby, Inglaterra, un equipo nuestro estaba ministrando y había un anciano que no sabía que estaba quedando sordo, pero sí lo sabían sus vecinos porque ponía la televisión demasiado alto. Finalmente este hombre dijo: "Necesito oración". Alguien oró por él y fue sano. Luego de haber sido sano dijo: "¡Uh, esto es horrible! Todo está demasiado alto". ¡Había estado viviendo en un mundo muy silencioso y lo disfrutaba!

Otra mujer que conocimos en un viaje a Inglaterra estaba extendida sobre una camilla en la parte trasera de un vagón. Estaba postrada debido a la fibromialgia. Recibió oración de parte de una persona del equipo, se levantó de la cama y caminó hacia el auto. Trabaron la cama en la parte trasera del auto y ella regresó a su casa sentada en al asiento delantero, por primera vez en cinco años.

Una de las sanidades más extrañas que he visto involucraba a un hombre que tenía la pierna tan lastimada que los médicos habían cortado los tendones de sus tobillos, doblado sus pies hacia fuera para balancearlo y colocado clavos para fijar los tobillos. No tenía movimiento, flexibilidad, pero podía caminar de manera limitada. Yo tenía una palabra de conocimiento acerca de la sanidad que Dios había hecho en el tobillo izquierdo de otra persona, y este hombre respondió y recibió oración. No sé exactamente lo que Dios hizo, pero el hombre ganó un movimiento completo de sus tobillos, a pesar de los complejos mecanismos para mantenerlos inmóviles.

Jesús tenía una preocupación acerca de su regreso y no era que tal vez encontraría a personas excesivas. Sino que dijo:

> *Os digo que pronto les hará justicia. Pero cuando venga el Hijo del Hombre, ¿hallará fe en la tierra?* (Lucas 18:8).

Cuando pones en práctica tu revelación, lo que solía ser imposible comenzará a verse lógico. Tu área de fe se expandirá. Esa revelación te llevará a una experiencia y te dará poder para hacer las obras del Reino.

Al poner en práctica la revelación, ganamos oportunidades para volvernos estudiantes de milagros, en lugar de ser solo observadores. Es fundamental que veamos a través del milagro la enseñanza que Dios quiere que aprendamos. A continuación hablaremos acerca de cómo ser "enseñados" por los milagros.

››› Capítulo 5 ‹‹‹

Cómo volverse estudiantes de milagros

Debemos aprender a "ver" al observar el efecto del mundo invisible sobre el mundo visible. Los milagros, más que cualquier otra actividad cristiana, otorgan esa oportunidad.

Un sábado por la noche, un joven se cayó de la parte trasera del santuario de nuestra iglesia y se quebró el brazo. La madre se me acercó rápidamente y dijo: "Ven a orar por mi hijo". La sanidad de huesos rotos, inclusos aquellos que décadas atrás se sanaron incorrectamente, se ha vuelto algo común. Salí corriendo y lo encontré tirado sobre el piso, realmente tenía el brazo quebrado. Me tiré al piso con él, coloqué mis manos en su brazo, miré la quebradura, y de repente el temor invadió mi mente. Me olvidé de todos los milagros que había visto, y dije: "Llamemos a un médico". Ahora bien, no culparía a nadie por llamar al médico bajo esas circunstancias. Para muchos sería hacer lo correcto. Pero para mí, ese momento fue personalmente revelador. Había visto huesos deformados desaparecer, huesos restaurados, caderas colocadas en su lugar, ojos ciegos abiertos, oídos sordos sanados, pero ahora, al mirar a un joven con un brazo quebrado, me olvidé de todo lo que había visto. Cambié del modo sobrenatural al modo natural. Mi experiencia con milagros no me había moldeado completamente. Me arrepentí y me disculpé con la madre una semana después más o menos, no porque me sintiera culpable o avergonzado, sino porque me di cuenta que tenía mucho camino para llegar a tener la mente renovada.

No es suficiente poner en práctica la revelación, como vimos en el capítulo anterior; también debemos volvernos estudiantes de milagros. Eso significa que los milagros que experimentamos deben moldear lo que pensamos. Los milagros pueden ser deslumbrantes y espectaculares, pero ante todo, no están diseñados para deslumbrarnos. Dios nos entrega los milagros para entrenarnos a ver de manera diferente. Un milagro es una escuela. O piensa en él de esta manera: así como existen nutrientes en los alimentos, así cada situación y encuentro con Dios viene lleno de los "nutrientes" necesarios para fortalecernos como representantes de Dios en este planeta. El problema es que podemos pasarnos la vida experimentando encuentros y milagros con Dios sin extraer lo que se espera de nosotros en esas experiencias. Tal vez podríamos salir mal en todos los exámenes. Tal vez no extraigamos los nutrientes. Puedes ver que esto sucede todo el tiempo en las iglesias. Cuando Dios hace un milagro, algunas personas dicen: "Guau, eso es fantástico", y se van sin ningún cambio. Están agradecidos, pero no han aprendido a ver de manera diferente. Se van a sus hogares y su vida continúa con los mismos moldes de siempre, solo que ahora tienen para contar otra cosa entretenida que vieron a Dios hacer.

Si eso te ha sucedido a ti, no te sientas tan mal. También les sucedió a los discípulos de Jesús. Participaron en el milagro alucinante de una gran multiplicación de alimentos (ver Marcos 6). En realidad la multiplicación se realizó en sus manos, no en las manos de Jesús, y eso es un punto clave para recordar. Jesús no dijo: "¡Jazam!" y creó una gran pila de alimentos. No agitó su mano sobre los alimentos y los observó crecer. Tomó la pequeña porción que tenían y la dividió en doce grupos, y mientras los discípulos los entregaban, se volvían a llenar. Pero, –y aquí es donde ellos salieron mal en el examen– más tarde ese mismo día, Jesús les dijo que cruzaran al otro lado del río en su bote, y Él se retiró a una montaña a orar. Allí, vio en su Espíritu a los discípulos esforzándose para remar, casi listos para perder sus vidas, así que se acercó caminando sobre las aguas lo suficientemente cerca para verlos. Lo vieron y gritaron de temor, y Él terminó subiendo al bote. El viento y las olas cesaron. Los discípulos se calmaron. Estaban completamente asombrados *"Porque aún no habían entendido lo de los panes, por cuanto estaban endurecidos sus corazones"* (Marcos 6:52).

Ese es un extraño final para esa historia, pero nos enseña una cosa: habían obedecido perfectamente al llevar a cabo el milagro de los panes y los peces, sin embargo, sus corazones todavía permanecían endurecidos. No habían visto *a través* del milagro. No los había transformado. Tú puedes obedecer a Dios perfectamente y ser el instrumento que ocasiona el milagro, y con todo tener un corazón duro a través de él y después de él. No significa que te vayas al infierno, sino que te perdiste la lección del milagro. La semilla de mayor transformación no podría penetrar y arraigarse en tu corazón.

Los discípulos hicieron todo lo que Jesús les ordenó hacer, y sin embargo cuando llegaron al próximo problema, salió a la luz que no habían aprendido la lección del problema anterior.

¿Cuál era la lección? Deberían haber visto el papel que ellos desempeñaron en el milagro. Debido a que no lo vieron, la próxima vez que se enfrentaron a un problema y Jesús no estaba en el bote, no tuvieron la solución. Jesús había dicho: *"Denles ustedes mismos de comer"*. No dijo: "Lo voy a hacer por ustedes". Fue al toque de ellos, a la obediencia de ellos que los alimentos se multiplicaron. Y sin embargo no lo vieron.

El objetivo de Jesús no era enviarlos en medio de una tormenta para poder aparecer y ser el héroe. Él planeaba pasar por allí, pero ellos no estaban entendiendo la lección. No extrajeron los nutrientes del milagro. La dureza de corazón no les permitió volverse libertadores, y por eso Jesús debió liberarlos una vez más.

Las levaduras de la mente...

La Biblia habla acerca de las influencias sobre la mente que determinan cómo interactuamos con el Reino. Estas influencias nos afectan al esforzarnos en ser estudiantes de milagros. Jesús lo dijo de la siguiente manera en Mateo 13:33:

> *Otra parábola les dijo: El reino de los cielos es semejante a la levadura que tomó una mujer, y escondió en tres medidas de harina, hasta que todo fue leudado.*

Jesús volvió a hablar acerca de la levadura en Marcos 8:13-21:

> *Y dejándolos, volvió a entrar en la barca, y se fue a la otra ribera. Habían olvidado de traer pan, y no tenían sino un pan consigo en la barca. Y él les mandó, diciendo: Mirad, guardaos de la levadura de los fariseos, y de la levadura de Herodes. Y discutían entre sí, diciendo: Es porque no trajimos pan. Y entendiéndolo Jesús, les dijo: ¿Qué discutís, porque no tenéis pan? ¿No entendéis ni comprendéis? ¿Aún tenéis endurecido vuestro corazón? ¿Teniendo ojos no veis, y teniendo oídos no oís? ¿Y no recordáis? Cuando partí los cinco panes entre cinco mil, ¿cuántas cestas llenas de los pedazos recogisteis? Y ellos dijeron: Doce. Y cuando los siete panes entre cuatro mil, ¿cuántas canastas llenas de los pedazos recogisteis? Y ellos dijeron: Siete. Y les dijo: ¿Cómo aún no entendéis?*

Al decir: "*Tengan cuidado con la levadura de los fariseos y la levadura de Herodes*", les estaba advirtiendo acerca de las influencias de la mente que nos pueden robar los nutrientes de la revelación y la renovación. En los versículos anteriores se nombran tres tipos distintos de levadura: la levadura de Herodes, la de los fariseos y la del Reino. Estas clases de levaduras están vivas y activas hoy en día y afectan en gran manera lo que piensas, vives y todo lo relacionado con tu vida.

La levadura es una ilustración de influencia sobre nuestra mente. La levadura en la esfera natural hace que la masa crezca. Mi esposa solía hacer pan, y si el pan no crecía, lo colocábamos al lado de la estufa de leña, y el calor activaba la levadura. De forma similar, el fuego de la dificultad hace que la levadura de tu vida sea expuesta y salga a la superficie. Si tu mente está permeada con la levadura del Reino como Jesús se refirió en Mateo 13, entonces la realidad del Reino de la fe saldrá a la superficie. Si es la levadura de Herodes o la de los fariseos, interrumpe la revelación y la obra del Reino.

Miremos cada uno de estos puntos con más detalle.

La levadura de Herodes...

La levadura de Herodes es una influencia atea basada en la fuerza del hombre y en los sistemas humanos, como la política, la voluntad popular y la persuasión. La levadura de Herodes excluye a Dios por completo. Su declaración de fe es cínica: "Dios ayuda a aquellos que se ayudan a sí mismos". Si te encuentras en un bote sin pan, la persona bajo esta influencia podría aconsejar: "La próxima vez que hagas la lista recuerda traer pan. Eres la respuesta a tu propio problema. Toma la responsabilidad por ti mismo. Sé una persona que ha logrado las cosas gracias a sus propios esfuerzos".

La levadura de Herodes representa uno de los grandes problemas en la Iglesia: el ateísmo práctico. Grandes cantidades de cristianos son ateos prácticos que no creen en un Dios activo. No lo van a decir de esa manera; ninguna doctrina escrita de una Iglesia declararía que Dios no existe. Pero los creyentes enfrentan sus situaciones diarias sin traer a Dios en medio de la circunstancia. Como Herodes, dicen que no existe ninguna intervención divina en la vida práctica. Profesan ser cristianos pero viven exactamente igual que sus vecinos ateos cuando enfrentan un problema. No piensan en obtener el consejo de Dios a través de su Palabra o invitarlo a que intervenga.

La cultura norteamericana está permeada con la levadura de Herodes. Somos un país de personas que han logrado las cosas gracias a los esfuerzos propios, pioneros que piensan que a través de la determinación, la disciplina y la excelente administración podemos lograr cualquier cosa que queramos. A veces, la Iglesia cae en el engaño de pensar que cualquier cosa que podamos lograr con nuestras fuerzas ha sido enviada por Dios. Pero en muchas de las cosas que la Iglesia ha hecho en estos últimos cientos de años, Dios no ha tenido nada que ver. Tenemos dinero, tenemos unidad de corazón y mente, y tenemos algunas habilidades administrativas para lograr nuestros objetivos. Pero no significa que fueron nacidos en el corazón de Dios. Tal vez hayan nacido de nuestro deseo de lograr algo grande, aunque Dios no esté involucrado en nuestros esfuerzos.

LA LEVADURA DE LOS FARISEOS...

La levadura de los fariseos es diferente a la de Herodes. La levadura de los fariseos representa el sistema religioso. En teoría abraza a Dios, pero no en la práctica o la experiencia. El concepto de Dios es fundamental para la mente farisea, pero la experiencia de Dios es completamente removida. Los fariseos tienen a Dios en forma, pero no en poder. Si te encuentras en el bote sin pan junto a un fariseo, él diría: "Dios en su soberanía ha hecho que te encuentres en este bote sin pan para que te puedas identificar mejor con aquellos que tampoco tienen pan". Los fariseos dan explicaciones, no soluciones. Dicen que la panadería cerró cuando murió el último apóstol. Se niegan a permitir que Dios esté activo en este mismo momento en la Tierra. Te insisten en que ores, pero también te insisten en que no tengas esperanzas de que Dios te responda. El suyo es un Dios de la ruleta rusa: gira la rueda y tal vez obtengas la respuesta... o tal vez no.

Las personas bajo la influencia de la levadura de los fariseos conocen a Jesús de una manera incorrecta, al igual que los habitantes de Nazaret. Conocían a Jesús en forma, pero no en relación o demostración (ver Marcos 6). Hoy en día, incontables cantidades de cristianos en la iglesia han estado satisfechos con la levadura de los fariseos. Están contentos con tener la documentación de que pertenecen a una cierta rama de la Iglesia, pero están completamente desenchufados del Dios de aquí y ahora, el Dios activo e invasivo.

Bajo la influencia de esta levadura, muchos cristianos encuentran explicaciones para las enfermedades físicas que no atraen el poder de Dios a la situación. Dicen: "esa persona está atormentada por una aflicción en particular, pero con el estilo de vida que tiene, no me sorprende". Expresan un sentido arrogante de entendimiento al explicar el problema, y sin embargo no tienen poder para dar una solución y desprestigian a cualquiera que lo intenta. Los discípulos también cayeron en esto. Le preguntaron a Jesús: "*Rabí, ¿quién pecó, éste o sus padres, para que haya nacido ciego?*" (Juan 9:2). Jesús se negó a discutir esa pregunta con ellos. Dijo: "*No es que pecó éste, ni sus padres, sino para que las obras de Dios se manifiesten en él*" (Juan 9:3). Las personas no se dan cuenta que cuando Dios redime una situación lo hace tan perfectamente que parece que hubiese creado el problema como una oportunidad para que su gloria o su poder sean vistos. Se podría decir lo mismo del pecado. Pero Dios no hace a una persona pecar para que su gloria pueda ser revelada. Cuando Jesús está cerca, el problema toma propósito. Sin su toque redentor, el problema es tan solo otra obra del diablo. Jesús estaba tan enfocado en las soluciones que ni siquiera se entretuvo en el debate de los fariseos.

Jesús expuso la característica central de las influencias de Herodes y de los fariseos: ambas se basan en el temor del hombre. Ambas están principalmente motivadas por lo que piensan las personas. Pero cuando estamos influenciados por la levadura del Reino, no tememos lo que las personas piensen de nosotros. Dios está levantando personas consideradas, compasivas y solidarias, pero que no están motivadas en nada por el temor del hombre. En su lugar, viven del temor de Dios. El Salmo 25:14 dice:

La comunión íntima de Jehová es con los que le temen, y a ellos hará conocer su pacto.

Proverbios 29:25 dice:

El temor del hombre pondrá lazo; mas el que confía en Jehová será exaltado.

El temor a Dios aclara nuestra visión. El temor al hombre nos confunde infinitamente.

La levadura del Reino...

Jesús advirtió acerca de la levadura de Herodes y de los fariseos porque trabajan en contra de la renovación de nuestra mente. En el contexto inmediato en que Jesús dijo estas palabras, el gran fracaso de los discípulos era que tenían temor porque no habían preparado el almuerzo, y Jesús lo había multiplicado por ellos dos veces. Sus conceptos mentales comenzaban con lo que les faltaba, y por eso contradijeron la revelación que Dios recién les había dado acerca de la provisión sobrenatural. Construyeron sus ideas sobre los cimientos incorrectos. En el capítulo anterior de Marcos, Jesús le dijo a otro grupo de personas: "*Así habéis invalidado el mandamiento de Dios por vuestra tradición*" (Mateo 15:6). Eso es lo que les sucedió a los discípulos. El enchufe se desconecta del poder Dios cuando recurrimos a la tradición en lugar de a la continua y refrescante Palabra de Dios. La tradición no es necesariamente algo diabólico; es tan solo la palabra de ayer. La Biblia dice que la fe viene por el oír, no por el haber oído.

Los discípulos tenían esa palabra fresca, pero no la entendieron. "*¿Qué discutís, porque no tenéis pan?*", les preguntó Jesús. "*¿No entendéis ni comprendéis? ¿Aún tenéis endurecido vuestro corazón?*" (Marcos 8:17). No les habló de esta manera antes de alimentar a las multitudes, porque no tenían un punto de referencia. No sabían por experiencia lo que Dios podía hacer. Pero Dios los llevó a la experiencia esperando que ellos hicieran de ese milagro el nuevo nivel para sus vidas.

Cuando Dios hace un milagro en tu vida, y puedes verlo y ser parte de él, Él te está enseñando cómo ver en la esfera invisible. Un milagro es un tutor, un regalo de Dios para mostrarnos lo que existe del otro lado. Cuando experimento un milagro, y luego regreso a la misma duda, quejándome, gimiendo y refunfuñando, se debe a que no he permitido que el testimonio del Señor tenga un efecto completo en mi forma de pensar. Cuando vi el brazo quebrado de aquel joven, mi mente se inundó de temor en lugar de ser inundada por el testimonio de los milagros que he visto con mis propios ojos. A los demás les habrá parecido sabio haber llamado al médico, pero Dios sabía y yo sabía que era temor. A veces, el temor se hace pasar por sabiduría. Perdí la conciencia, si deseas, la conciencia de mi historia de ver milagros.

Tú y yo podemos ser las personas con la mejor mente del Reino en el planeta cuando las cosas van bien. Podemos ver cientos sanados, cientos ser salvos, tener hermosos momentos de adoración. Pero luego, yo tal vez vaya a casa y el auto se rompe y de repente me quedo con tres mil dólares menos. Luego la computadora se apaga y el teléfono deja de funcionar, y el vecino se enoja conmigo. El fuego de las circunstancias expande cualquier levadura que está influyendo mi mente. Malaquías 3:2 dice: "*Porque él es como fuego purificador*". Malaquías 4:1 dice: "*Viene el día ardiente como un horno*".

Se refiere a una serie de eventos que traerá ciertas influencias a la superficie donde las podremos ver claramente, nos gusten o no.

Desearía que mi primera respuesta ante la adversidad fuera siempre tener fe. A veces, me lleva un día o dos, a veces solo unos pocos minutos para poner mi corazón y mi mente en orden. Hay momentos en que estoy muy preocupado o ansioso, y sé que bíblicamente no hay razón para estarlo. Siempre me pregunto ¿cómo puedo estar tan preocupado y abrumado por las presiones cuando Él me compró con un precio, entregó a su Hijo y libremente me da todas las cosas? Solo porque la levadura de Herodes o de los fariseos ha hecho su trabajo en mi alma, y las presiones han hecho que esa levadura leude.

El pensamiento del Reino sabe que todo es posible en cualquier momento. Se activa cuando tú y yo, con corazones tiernos, nos sometemos a los modelos de pensamiento de Dios, cuando recibimos sus ideas y decimos "sí". Queremos que nuestra mente esté llena de la levadura del Reino, de la influencia del Reino. Queremos milagros, y queremos que esos milagros tengan un efecto completo sobre nosotros, y que cambien nuestra manera de ver y de comportarnos.

DE DÓNDE PROVIENE TU TORMENTA...

Las tormentas de la vida, al igual que los milagros, pueden presentar grandes desafíos y oportunidades para que crezcamos. Pero existe una gran diferencia en la clase de tormenta en que nos encontramos. Algunas tormentas, aunque sean enviadas por el diablo, pueden provocarnos e invitarnos a utilizar la revelación que ya tenemos. Hay milagros que están esperando llevarse a cabo, como este pasaje en Marcos 4:35-41:

> *Aquel día, cuando llegó la noche, les dijo: Pasemos al otro lado. Y despidiendo a la multitud, le tomaron como estaba, en la barca; y había también con él otras barcas. Pero se levantó una gran tempestad de viento, y echaba las olas en la barca, de tal manera que ya se anegaba. Y él estaba en la popa, durmiendo sobre un cabezal; y le despertaron, y le dijeron: Maestro, ¿no tienes cuidado que perecemos? Y levantándose, reprendió al viento, y dijo al mar: Calla, enmudece. Y cesó el viento, y se hizo grande bonanza. Y les dijo: ¿Por qué estáis así amedrentados? ¿Cómo no tenéis fe? Entonces temieron con gran temor, y se decían el uno al otro: ¿Quién es éste, que aun el viento y el mar le obedecen?*

Sin embargo, existen otros tipos de tormentas que Dios nos envía para mostrarnos que nos estamos encaminando en la dirección incorrecta, como este conocido pasaje:

> *Pero Jehová hizo levantar un gran viento en el mar, y hubo en el mar una tempestad tan grande que se pensó que se partiría la nave. Y los marineros tuvieron miedo, y cada uno clamaba a su dios; y echaron al mar los enseres que había en la nave, para descargarla de ellos. Pero Jonás había bajado al interior de la nave, y se había echado a dormir. Y el patrón de la nave se le acercó y le dijo: ¿Qué tienes, dormilón? Levántate, y clama a tu Dios; quizá él tendrá compasión de nosotros, y no pereceremos* (Jonás 1:4-6).

En estos pasajes podemos ver dos tormentas, y dos propósitos diferentes para cada una. Una fue enviada por Dios, la otra por el diablo. Cada situación involucraba a un hombre durmiendo en un bote, uno a causa de la depresión y una manera de escapar de su desagradable realidad, y el otro porque estaba viviendo el Reino en la Tierra, y en el Reino no había ninguna tormenta.

La pregunta es: ¿En qué tormenta te encuentras? ¿Estás tratando con ella de la manera en que Dios quiere que lo hagas? ¿Has permitido que los milagros pasados te "lleven" a un estado de fe adecuado para tus desafíos actuales?

La tormenta de los discípulos fue enviada por el diablo para distraerlos de la voluntad de Dios. La tormenta de Jonás fue enviada por Dios para regresarlo a la voluntad de Dios. Algunas personas enfrentan tormentas debido a que doblaron a la izquierda cuando Dios giró a la derecha. Dios trae una tormenta en su misericordia para encaminarlos de nuevo. Otros enfrentan tormentas porque se encuentran en medio de la voluntad de Dios. A Él no le gusta la tormenta, pero te quiere entrenar para usar las herramientas que te ha dado para calmar la tormenta.

Muchos de nosotros nos encontramos en una tormenta e instantáneamente llegamos a la conclusión de que nuestra tarea es clamarle a Dios que intervenga y cambie nuestras circunstancias. Pero ese no es el propósito de la tormenta; si solo clamamos, estamos renunciando a nuestro rol en el milagro. Dios nunca permite una tormenta sin antes proveer las herramientas para calmarla. Él quiere que utilicemos aquellas herramientas para lograr un resultado milagroso. Piensa acerca del mayor conflicto o crisis que hayas tenido en el último año. Te aseguro, con un análisis, puedes identificar las herramientas que Dios ha colocado en tu vida para encargarte del problema. Él permite los problemas en nuestra vida para que podamos derrotarlos, no solo para que clamemos a Él todo el tiempo. Las herramientas estarán en el bote con nosotros, pero el enemigo agitará el viento del temor para hacernos olvidar dónde se encuentran las herramientas.

Por eso muchos de nosotros vemos la tormenta y oramos como oraron los discípulos cuando vieron a Jesús durmiendo en el bote: "*Maestro, ¿no tienes cuidado que perecemos?*". Jesús se levantó y respondió su oración. Muchos de nosotros nos sentimos bien cuando Él responde nuestras oraciones. Tal vez hasta aplaudiríamos a los discípulos por hacer lo correcto en esa circunstancia, pero Jesús se dirigió a ellos y les dijo: "*¿Cómo es que no tienen fe?*", "*¡Esperen un minuto!*", deben de haber pensado. "Tenía suficiente fe como para acercarme a ti y hablarte ¡Y tú hiciste lo que te pedí! Pensé que me pagaban por orar, y a ti te pagaban por hacer". No, es nuestra responsabilidad ordenarle al obstáculo que desaparezca. El ministerio de muchas personas implica tratar de que Dios solucione los problemas en la Tierra cuando deberíamos ordenarle a las tormentas que se calmen. Deberíamos ver las situaciones desde la perspectiva del cielo y declarar La Palabra del Señor, y ver la invasión del cielo.

Tengo un tremendo amor y respeto por el ministerio de intercesión, pues estoy casado con una gran intercesora. Pero muchos intercesores gimen, lloran deprimidos la mayor parte del tiempo, y llaman a eso intercesión. Nunca llegan a un lugar de fe cuando oran. Yo sé cómo es eso. He tenido épocas de mi vida en que oraba muchísimo tiempo, muy diligentemente, muy disciplinado, y de una manera muy impresionante si tuviese que contar las horas. Dios nunca me castigó por ello porque conocía la sinceridad de mi corazón. Pero en realidad, del tiempo que pasé orando, muy poco fue con fe. La mayor parte fue con depresión, desaliento o "cargado".

Lo peor de todo es que algunos cristianos aún no distinguen la diferencia entre la carga del Señor y el peso de su propia incredulidad.

Algunas personas cuanto peor se sienten mientras oran, más gratificadas están por ser intercesores ungidos. Está bien comenzar ahí, pero haz cualquier cosa que sea necesaria para llegar a un lugar de fe.

Esa clase de intercesión caprichosa es lo contrario a lo que Jesús espera de nosotros al enfrentar una tormenta. Si Jesús está durmiendo en tu bote, no es porque está esperando que lo despiertes con tus lamentosas y quejosas oraciones. Se debe a que tienes un propósito divino. Él quiere que utilices las herramientas que te ha entregado para lograr resultados "celestiales". Algunos maestros enseñan que a Dios le gusta esperar hasta el último momento para intervenir y mostrar su soberanía. Piensan que es una manera linda e inteligente de mostrar que Él tenía el control todo el tiempo. Puedes escuchar a algunos decir: "Dios nunca llega tarde o temprano, sino que siempre llega a tiempo". Pero Dios no siempre obra de esa manera. ¡Si siempre interviene en el último minuto, se debe a que nosotros no utilizamos las herramientas que Él nos había dado al principio!

Si estás enfrentando una batalla espiritual, en general se debe a que fuiste entrenado para ese momento. Significa que has experimentado cosas en tu vida que deberían haberte enseñado cómo responder a la tormenta actual. Cuando llegan los problemas, ya deberías saber hacer lo correcto. No deberías buscar a Dios en oración en las horas de desaliento. Debes estar preparado para intervenir y decir: "Creo en Dios por un milagro en esta situación. Ese niño reincidente regresará a casa. Esa enfermedad en tu cuerpo se seca ahora en el nombre de Jesús. Esa crisis económica se termina". El tiempo para orar es antes, como lo hizo Jesús, al clamar a Dios en privado cuando nada malo sucedía. Esa es la manera de acumular poder y crear una atmósfera interna de paz y fe que llevas contigo en situaciones problemáticas.

No desperdiciemos los milagros. No miremos a Dios hacer cosas maravillosas, luego dar un tímido aplauso, un pequeño "amén" y retirarnos sin haber sido cambiados. Reconozcamos que estamos equipados para cada tormenta. Hemos sido entrenados por los milagros pasados para ver soluciones actuales. Permitamos que la levadura del Reino llene nuestra mente, reemplace la levadura de Herodes y la de los fariseos. Permitamos que nuestra revelación y nuestra experiencia de Dios cambien para siempre la manera de enfocar nuestra vida.

En la próxima sección, veremos los obstáculos más comunes que se cruzan en el camino de nuestra mente que está siendo renovada, y no nos permiten tener una vida cristiana normal. ¡Luego veremos cómo superarlos!

››› CAPÍTULO 6 ‹‹‹

LIBRE DE CULPA Y PERDONADO

Jesús recibió lo que yo merecía para
que yo recibiera lo que Él merecía.

Hemos visto que el propósito de nuestras vidas se encuentra en el lugar de intimidad para hacer la voluntad de Dios "*como en el cielo, así también en la Tierra*". Hemos visto cómo nuestra mente es la guardiana de lo milagroso y debe ser renovada si queremos ver la realidad desde la perspectiva de Dios. Hemos visto cómo la revelación debe ponerse en acción, y que los milagros son tutores y oportunidades para cambiar la manera en que vivimos desde ese momento en adelante.

Ahora quiero hacer una pausa y referirme a los obstáculos más comunes con que se encuentran las personas al buscar vivir en lo sobrenatural y renovar su mente. Escuché una historia de una familia europea que quería mudarse a Estados Unidos, así que trabajaron con mucho esfuerzo y ahorraron suficiente dinero para tomar un barco y cruzar el Atlántico. También ahorraron tanto como pudieron para comprar queso y galletas, provisiones que podrían comer como familia en la pequeña cabina del barco que ocuparían. Abordaron el barco, y pasaron días y semanas. La familia se acurrucaba en la cabina comiendo sus mínimas provisiones, mientras escuchaban los pasos y las risas de las personas en el vestíbulo en camino al salón comedor. La última noche del largo viaje por el océano, el capitán anunció que tocarían tierra al día siguiente. El padre decidió celebrarlo llevando a la familia a comer al salón comedor donde todos los demás pasajeros del barco habían comido durante tres semanas. Se acercó al capitán y le preguntó cuánto costaba la comida. El capitán lo miró sorprendido y le dijo: "¿Quieres decir que ustedes no han estado comiendo allí? Esa comida estaba incluida en el precio del pasaje".

Realmente creo que muchos cristianos comen queso y galletas, en términos espirituales, cuando nuestro "pasaje" nos compró un banquete completo. No estoy hablando acerca de riqueza económica, aunque Dios destruyó el poder de la pobreza en la cruz. Estoy hablando acerca de la salvación y el perdón del pecado. Muy a menudo, los cristianos viven bajo la influencia de los fracasos pasados, las imperfecciones y los errores. Al hacerlo, nos desviamos del estilo de vida cristiano normal y vivimos bajo la influencia de una mentira. Demás está decir que esta mentira detiene la renovación de nuestra mente y no nos permite vivir en lo "diariamente milagroso" que debería ser normal para cada creyente nacido de nuevo.

¿Por qué las personas reciben el perdón de Dios, pero viven constantemente bajo las sombras de sus fracasos? Sé por experiencia personal que yo solía vivir voluntariamente bajo la culpa y la vergüenza de las decisiones equivocadas del pasado porque pensaba que me ayudaba a caminar en humildad. Andaba deprimido y meditaba en mis defectos. Nunca fui bueno para hablar al respecto con amigos. Por el contrario, lo interiorizaba. Pero cuando me enfocaba en mis problemas de carácter, crecían abrumadoramente. Los alimentaba con una mente no renovada, y el poder del acuerdo venía sobre el problema y multiplicaba su aparente tamaño. El daño ocasionado en mis emociones y en mis pensamientos era terrible.

Otras personas, de forma similar, se resisten al perdón porque no quieren ser orgullosas. El recordar cuán corrompidas están las hace sentir bien, pero en realidad es una forma sutil de orgullo. Las personas gimen y gritan "No soy digno". ¡Es obvio que no somos dignos! Es tiempo que lo superemos y vivamos la vida cristiana de todos modos. Vivir bajo la condenación del pasado no nos hace más humildes. En todo caso, nos mantiene enfocados en nosotros mismos en lugar de estar enfocados en el Señor. Es mucho más difícil recibir humildemente el perdón que no merecemos que caminar en falsa humildad, cubiertos por la vergüenza del pasado. Cuando recibimos perdón gratuito, aquel que nos lo dio es honrado. Cuando Él es honrado, nos humillamos en verdad.

Cuando sucumbimos bajo el peso de la culpa y la vergüenza, nos rendimos a la tentación más antigua de La Biblia: la tentación de cuestionar nuestra identidad y la de Dios. La primera tentación de La Biblia no fue participar de la fruta prohibida, sino cuestionar lo que Dios había dicho. La serpiente dijo: "*¿Conque Dios os ha dicho: No comáis de todo árbol del huerto?*" (Génesis 3:1b). Una vez que logró que dudaran acerca de la integridad y la identidad de Dios, fue fácil atraerlos a acciones insensatas. De la misma manera, antes de que el diablo tentara a Jesús con cualquier otra cosa, trató de arrancarle su identidad: "*Si eres Hijo de Dios...*" (Mateo 4:6). Quería que Jesús dudara de su identidad, entonces, ¿cuál es la estrategia del diablo para tu vida y la mía? ¡La misma!

Probablemente, el 95% o más del asesoramiento que realizan las iglesias sea simplemente ayudar a las personas a dejar de cuestionar lo que Dios ha dicho y dejar de cuestionar quiénes somos en Cristo. Somos el pueblo al que Dios ama, el pueblo al que Dios perdona. Somos la casa de Dios, la puerta del cielo en la Tierra. Cuando Moisés le preguntó a Dios: "*¿Quién soy yo para que vaya a Faraón, y saque de Egipto a los hijos de Israel?*" (Éxodo 3:11), Dios pareció ignorar la pregunta al responder: "*Ve, porque yo estaré contigo*" (Éxodo 3:12). ¡Esa era la respuesta! Moisés dijo: "¿Quién soy?". Dios respondió, de hecho: "Tú eres el hombre con quien Dios va a su lado". ¿Quién eres tú, mi hermano o hermana? Eres la persona con la cual está Dios. Estás limpio y perdonado. ¡Esa es tu identidad!

Has sido comprado...

Dios nunca es honrado cuando negamos lo que Jesús hizo por nosotros. Sufrió para que nosotros fuéramos libres. ¿A qué padre le agrada ver sufrir a su hijo o hija? Tampoco a Dios le agrada vernos sufrir con los efectos de la culpa y la vergüenza. Y sin embargo, a menudo, atribuimos ese motivo malvado al Padre.

Esto tal vez te sorprenda, pero cuando Jesús te compró, ¡compró tu problema! He visto el fruto de mis propios errores estúpidos ser completamente borrados en ciertas ocasiones; Dios pagó la cuenta y me sacó de la horca. En otras oportunidades, debí vivir con el fruto de esos errores, enfrentándolos cada mes cuando llegaban las cuentas. Pero incluso en ese momento, no los enfrentaba como mi propio problema para arreglar, sino como el suyo. Verás, la justicia toma una perspectiva diferente una vez que has sido lavado con la sangre de Jesús.

Isaías 6:1 dice que la cárcel se abrirá para los presos. En verdad, los prisioneros están en la cárcel generalmente porque hicieron algo malo. ¿Cómo es que la justicia bíblica libera a un prisionero cuando hay un precio que pagar? Depende de tu definición de "justicia". Una vez que llegas a Jesús y te arrepientes de lo que hiciste, Él intenta conseguir justicia verdadera, que se dirige no a ti sino al poder que te influenciaba. Es inmenso. Tal vez no pagabas los impuestos, o criticaste equivocadamente a un amigo, o hiciste algo más terrible que eso. Cuando verdaderamente te arrepientes y eres perdonado, te vuelves un compañero del Señor para enfrentar tu problema. Haces lo mejor posible para restituir, pero ya no hay más culpa ni vergüenza. Ahora, su justicia se dirige a los poderes del infierno que te engañaron para obrar con orgullo, enojo o lo que fuere. Ahora te encuentras en un lugar para inspirar a las personas a caminar rectamente en esa área. ¿Por qué? Porque fuiste mordido una vez, y nunca te lo olvidarás.

Lo diré de nuevo: cuando Jesús te compró, compró tu problema. ¡Eso es liberador! La Biblia nos dice: "*Así también vosotros consideraos muertos al pecado, pero vivos para Dios en Cristo Jesús, Señor nuestro"* (Romanos 6:11). La frase así también significa "evalúa, toma en cuenta, piensa bien y llega a una conclusión". Podemos creer o no que su provisión era adecuada. Desafortunadamente, muchos creyentes batallan constantemente contra un fantasma de autoestima del pasado sin seguridad de su actual identidad en Cristo. El perdón se parece a una teoría o una verdad poco práctica. Sin embargo, es la verdad más práctica que existe.

Pablo insistió en que lo tengamos en cuenta. En Romanos 6, ilustra la naturaleza de la vida del cristiano a través del bautismo en agua, y concluye en el versículo 11 diciendo: *"vosotros consideraos muertos al pecado"*. ¿Fuiste lavado por la sangre de Jesús? Entonces debes verte como muerto al pecado. No es un convencimiento mental, pero tiene que ver con el poder del pensamiento sobrenatural. Es despertarse a lo que ha sido real y verdadero desde el momento que conociste a Jesús: como un seguidor nacido de nuevo de Cristo, estás muerto al pecado. Pablo escribió lo siguiente:

> *Porque los que hemos muerto al pecado, ¿cómo viviremos aún en él? ¿O no sabéis que todos los que hemos sido bautizados en Cristo Jesús, hemos sido bautizados en su muerte?*
> *Porque somos sepultados juntamente con él para muerte por el bautismo, a fin de que como Cristo resucitó de los muertos por la gloria del Padre, así también nosotros andemos en vida nueva. Porque si fuimos plantados juntamente con él en la semejanza de su muerte, así también lo seremos en la de su resurrección; sabiendo esto, que nuestro viejo hombre fue crucificado juntamente con él, para que el cuerpo del pecado sea destruido, a fin de que no sirvamos más al pecado. Porque el que ha muerto, ha sido justificado del pecado. Y si morimos con Cristo, creemos que también viviremos con él; sabiendo que Cristo, habiendo resucitado de los muertos, ya no muere; la muerte no se enseñorea más de él. Porque en cuanto murió, al pecado murió una vez por todas; mas en cuanto vive, para Dios vive* (Romanos 6:2b-10).

La muerte de Cristo destruyó todo nuestro registro de pecado. Esto podría parecerse a enseñanza de la escuela primaria, pero la mayoría de las personas no viven comprendiendo que son totalmente perdonadas. Pueden citar el pasaje, pero no viven bajo la influencia de su verdad. La sangre de Cristo destruyó el poder y el registro del pecado en tu vida. Tu vieja naturaleza está muerta. No ha sido colocada en un estante, o en una habitación cerrada, o prisión; ha sido crucificada. Punto. Trato hecho.

Recuerda que Jesús se dirigía a los creyentes como santos. Tendemos a pensar que la santidad se logra luego de unos años de servicio sacrificado. No es cierto. Pasamos de pecadores corrompidos a santos nacidos de nuevo en un solo momento cuando aceptamos la salvación. Una vez que la sangre de Jesús ha borrado el pecado, estás perfectamente limpio. Eso no significa que puedas evitar los obstáculos y los problemas que vienen al cambiar tu vida y renovar tu mente. La madurez es un proceso. Pero como dice mi pastor asociado, Kris: "Tú no eres un pecador, eres un santo. No significa que no puedas pecar; tan solo significa que ya no es tu profesión". Esa es la historia de tu vida.

RENOVADO Y PERDONADO...

Es difícil sino imposible demostrar la voluntad de Dios *"como en el cielo, así también en la Tierra"* si no nos vemos a nosotros mismos verdaderamente perdonados, y si nos aferramos a una falsa idea de nuestra identidad. Cancela eficazmente la mayor parte de nuestro potencial en el ministerio. Algunas personas lo reducen todo a: "Espero sobrevivir" en lugar de decir: "¿Qué hará Dios hoy a través de mi vida?". Tú y yo fuimos diseñados para demostrar de manera triunfante la realidad del Rey y su Reino, pero muchos de nosotros reducimos nuestro objetivo a la supervivencia. Nos decimos a nosotros mismos: "Si puedo pasar este día sin deprimirme, sin desalentarme, habré tenido éxito".

En cambio, nuestro primer pensamiento cada día debería ser la realidad del Reino: *"Nuevas son cada mañana [sus misericordias]; grande es tu fidelidad"* (Lamentaciones 3:23). Amigo, ¡eres perdonado! No existe nada ni nadie que pueda hacer nada para cambiarlo. Cuando el enemigo te trae a memoria un pecado del pasado, está hablando de algo que no existe. Es completamente legal que digas: "Yo no hice eso. La persona que lo hizo está muerta". O la sangre de Jesús es completamente eficaz, o no lo es en absoluto. Y no solo destruyó el castigo para que cuando mueras no vayas al infierno; sino que la sangre de Jesús tiene el poder de transformarnos por completo en una nueva creación en Cristo. Romanos 8:38-39 dice:

> *Por lo cual estoy seguro de que ni la muerte, ni la vida, ni ángeles, ni principados, ni potestades, ni lo presente, ni lo por venir, ni lo alto, ni lo profundo, ni ninguna otra cosa creada nos podrá separar del amor de Dios, que es en Cristo Jesús Señor nuestro.*

No existe poder, ni circunstancia, ni persona, ni realidad demoníaca, ni estrategia del diablo, nada que exista ahora en el cielo o en la Tierra que pueda separarte del amor de Dios. Pero observa que aunque Pablo menciona el presente y el futuro, no menciona el pasado, porque el pasado puede separarte de tu conciencia del amor de Dios, si permites que se vuelva tu identidad presente. Recuerda: Jesús compró tu pecado, no para volver a traerlo sino para destruirlo para que no tengas que pensar en él nunca más.

Finalmente comprendí, luego de todos estos años, que el secreto para estar siempre animado es vivir denegando. El enemigo coloca un pedido sobre mi escritorio y yo sello "pedido denegado". Me dice una cosa; niego la afirmación y descanso en mi verdadera identidad en Cristo. La Biblia dice que si yo ando en luz, como Él está en luz, tengo comunión con Él, y el resultado es que la sangre de Jesús me limpia continuamente de todo pecado (ver 1 Juan 1:7). Si yo estoy abierto y soy honesto y me mantengo correcto en mi relación con Dios y con las personas, la sangre de Jesús me mantiene limpio las veinticuatro horas del día, sin parar.

Imaginándonos a nosotros mismos como pecadores perdidos, siempre recordando las cosas malas que hicimos en el pasado, no nos permite tener una mente renovada ni tampoco dar un paso hacia la vida sobrenatural normal. Dios nunca es honrado cuando recordamos y vivimos bajo la influencia de nuestros pecados y errores del pasado. Muchas personas crecen y viven con mucho remordimiento. Podría regresar a esa manera de pensar muy rápidamente, pero ahora lo sé mejor. Sé que la manera correcta es abrazar el perdón. Insiste en tu identidad en Él. Permite que tu corazón sea liviano al comprender que Sus misericordias son nuevas para ti cada día. No solo estarás feliz, sino que serás mucho más efectivo para el Reino.

Tal vez deberías meditar en esto unos instantes y permitir que sature tu entendimiento. Vive en esta verdad y deja que se multiplique en tu vida durante los próximos días y semanas. Notarás una gran diferencia cuando comiences a vivir libre y perdonado, sin equipaje que arrastrar. En el próximo capítulo, veremos que recordar es una manera de renovar nuestra mente.

››› Capítulo 7 ‹‹‹

Recordar

Las promesas de Dios son como el timón para un barco. Revisándolas establece la dirección para mi vida.

Uno de mis pastores asociados, Mike, y yo estábamos en el aeropuerto en Vancouver, Canadá, esperando en Starbucks (uno de mis lugares preferidos). Mientras estaba parado allí disfrutando de los aromas, las vistas y los sonidos de la cafetería, y anticipaba mi próxima taza de café, me di cuenta que Mike había estado mucho tiempo con la cajera. No se me ocurrió que sucediera nada importante. Simplemente me encontraba en ese lugar tomando café mientras esperábamos nuestro vuelo. Entonces lo vi tomar la mano de la cajera, cerraron los ojos e inclinaron la cabeza en oración. Cuando terminaron, Mike se me acercó y me contó que mientras estaba haciendo el pedido, vio un espíritu de suicidio en la vida de la cajera, y comenzó a ministrarla y quebró su poder. Ella le dijo: "Dios te ha enviado aquí este día". ¡Me tomó desprevenido porque todo lo que yo pensaba era en el café! Mi mente se había olvidado momentáneamente de las cosas más importantes de la vida.

Es fácil para nuestra mente desviarse hacia el pensamiento natural, para nuestra fe desgastarse tan sutilmente que no nos damos cuenta que sucede. Poco a poco podemos comenzar a pensar "prácticamente", al apoyarnos en la sabiduría natural en lugar de en la realidad del Reino. Una de las grandes herramientas para mantener los pensamientos del Reino es meditar y recordar La Palabra de Dios, encontrar la manera de recordar sus promesas para nuestras vidas y luego pasar esas promesas y recuerdos a la próxima generación de creyentes. Sin dar los pasos prácticos para recordar y meditar en la verdad, olvidaremos fácilmente lo que Dios ha prometido. Poco a poco, nos volveremos pensadores terrenales, y eso es lo que debemos evitar si queremos tener una exitosa vida cristiana normal.

Meditación hecha correctamente...

En las religiones del ocultismo oriental, la meditación significa vaciar la mente. Pero la meditación bíblica es lo contrario, es llenar la mente con la verdad de Dios. A algunos cristianos no les gusta la idea de la meditación, porque solo la han visto demostrada en la forma corrompida a través de las religiones diabólicas. ¡Pero si alguna vez has estado preocupado por algo, ya sabes cómo meditar! Toda persona, sea santa o pecadora, medita cada día. La pregunta es: ¿en qué estás meditando? Digamos que tienes problemas económicos. Una persona con la mente renovada tiene gozo incluso en medio de esa circunstancia porque el gozo no proviene de lo que se ve, sino de lo que Dios dice. Dios no es mentiroso y guardará su palabra. Pero una suave voz llamada preocupación se entromete y razona contigo: "Hace algunos años desobedeciste al Señor financieramente, y ahora estás cosechando lo que sembraste". Eso puede sonar como un buen argumento, y tal vez pueda hacerte cambiar tu meditación de La Palabra de Dios a la preocupación. Pronto, esa suave voz crece tanto que se asemeja a un megáfono en tu oreja. Te olvidas que Dios dijo que Él "guardará en completa paz a aquel cuyo pensamiento en Él persevera" (Isaías 26:3). Completa paz significa salud divina, prosperidad, bienestar, sensatez. Persevera significa "reforzado, fijo sobre una posición inamovible". Pero cuando escuchamos la voz de la preocupación, nos volvemos "inestables". ¿Por qué la preocupación grita tan alto para captar nuestra atención? Porque si la miramos lo suficiente, ganará nuestra confianza. Muy pronto, comenzaremos a orar con temor y finalmente dejaremos de orar y empezaremos a buscar conmiseración. Hemos confiado en esa otra voz, y ganó los afectos de nuestro corazón.

Debemos tener nuestra mente puesta en las cosas espirituales porque mientras llenemos nuestra mente con lo que sucede en lo natural, limitaremos nuestra eficacia. Tal vez, de vez en cuando nos levantemos y tengamos una victoria con el don de fe, pero no tendremos la influencia continua de la transformación del Reino que fluye a través nuestro.

¿Cuál es la solución? Meditar en La Palabra de Dios y darnos cada oportunidad para recordar lo que es verdad. La Biblia habla de forma clara cómo hacerlo:

Escríbela...

Habacuc 2:2 dice: "*Escribe la visión, y declárala en tablas, para que corra el que leyere en ella*".

Las personas necesitan motivación para correr. Esa es la principal razón por la que viajo y hablo y escribo tanto como puedo. Quiero darles a los demás el combustible que necesitan para levantarse y andar. Quiero que tengan la revelación que yo tengo, al igual que me alimento de la revelación que otros me dan. Para participar en la obra activa y asombrosa del Reino no podemos remar, remar, remar nuestro bote con tranquilidad cuesta bajo en el río. ¡Debemos correr!

Por eso hago lo que Habacuc aconsejó y escribo las ideas de Dios sobre mi vida cada vez que me son reveladas. Señalo y subrayo mi Biblia. Escribo las profecías que he recibido en tarjetas de apuntes y en mi computadora, y las llevo conmigo a donde vaya. Pego notas en el tablero mi auto. Ciertas veces, coloco tarjetas por toda la iglesia para que cuando voy caminando y oro, las vea, y me recuerden lo que Dios me dice. Guardo un registro para mis hijos y mis nietos para que puedan ver lo que Dios hizo en mi vida. Incluso hay un miembro del equipo de nuestra iglesia cuya tarea exclusiva es registrar los milagros que suceden dentro y a través de nuestra iglesia y nuestros equipos ministeriales. Quiero que las personas conozcan las grandes y poderosas obras del Señor mucho después que nos hayamos ido, para que puedan continuar con la visión.

Revísala...

Es obvio que un registro escrito solo es útil cuando se lo revisa. Re significa "volver", y visar significa "mirar". ¡Vuelve a las promesas de Dios hasta que las puedas mirar! A veces, necesito volver a visitar esas palabras proféticas que me fueron dadas, así que reviso esa pila de tarjetas y leo las que necesito. Son los hechos de mi vida, porque Dios los habló. No se trata simplemente de un pensamiento positivo o de utilizar mi imaginación para hacerme creer alguna realidad alternativa. Se trata de meditar en lo que Dios ha dicho hasta que pueda verlo y correr con eso.

En otros momentos, me siento junto a otras personas y les digo: "Hazme recordar lo que sucedió en tal o cual ciudad cuando estuvimos ministrando allí. Cuéntame esa historia de nuevo". La persona dice: "Ah, amigo, aquel muchacho que no tenía cadera se levantó y caminó. Y la mujer sorda escuchó por primera vez. El hueso roto fue sano. ¿Te acuerdas?". Esas conversaciones me recuerdan las cosas que he olvidado y reestablecen los fundamentos de mis pensamientos. Obligo a mi imaginación a volverse la imaginación del Reino. El testimonio de lo que Dios ha hecho nos ayuda a recordar quién es Dios, cómo es su pacto y quién se propone ser en nuestra vida. Cada testimonio de su obra en la vida de alguien es una profecía para aquellos con oídos para oír. Es una promesa que hará lo mismo con nosotros porque *"Dios no hace acepción de personas"* (ver Hechos 10:34) y *"Jesucristo es el mismo ayer, y hoy, y por los siglos"* (ver Hebreos 13:8). Pero el testimonio se debe oír, hablar, escribir y revisar. Israel cayó en gran infidelidad cuando se olvidó del testimonio (el registro escrito u oral de lo que Dios ha hecho). Pero cuando recordó el testimonio de lo que Dios había hecho anteriormente, la expectativa aumentó como así también los milagros.

RECUERDA A DIOS...

Malaquías 3:16 habla acerca del diario de Dios:

> *Entonces los que temían a Jehová hablaron cada uno a su compañero; y Jehová escuchó y oyó, y fue escrito libro de memoria delante de él para los que temen a Jehová, y para los que piensan en su nombre.*

A veces, Dios revisa lo que está escrito en su libro de recuerdos, y da forma al futuro de acuerdo a lo que ha hecho en el pasado. Sucedió con Cornelio en el libro de los Hechos:

> *(...) piadoso y temeroso de Dios con toda su casa, y que hacía muchas limosnas al pueblo, y oraba a Dios siempre. Este vio claramente en una visión, como a la hora novena del día, que un ángel de Dios entraba donde él estaba, y le decía: Cornelio. Él, mirándole fijamente, y atemorizado, dijo: ¿Qué es, Señor? Y le dijo: Tus oraciones y tus limosnas han subido para memoria delante de Dios* (Hechos 10:2-4).

Esa es una promesa maravillosa, que nuestras tareas y dones para el Señor nunca serán olvidados o pasados por alto. Pero en otros momentos, Dios nos da instrucciones para recordarle activamente lo que hemos hecho. Nos invita a llamarlo de esta manera y revisar las circunstancias de nuestra vida delante de Él para que a través de esta interacción seamos transformados. Cuando

Israel cruzó el río Jordán, cada uno de los líderes de las tribus tomó una piedra y las apiló en la Tierra Prometida al lado del río (ver Josué 4).

Las piedras debían servirles para recordar lo que Dios había hecho. Pero también servían para recordar a Dios acerca de la condición, la necesidad y la obediencia de ellos. Las piedras conmemorativas que colocamos delante de Dios –en forma de oración y generosidad– le recuerdan nuestra condición, nuestra necesidad y nuestra obediencia. ¿Es posible que Dios haya elegido no saber ciertas cosas para poder descubrirlas en su relación con nosotros? Nos da el impresionante privilegio de colocar delante de Él piedras conmemorativas para recordarle nuestra fidelidad pasada.

Lo podemos ver a través de Las Escrituras. Nehemías, gobernador de Jerusalén, ayudó a reconstruir la ciudad. Y llevó su caso delante de Dios:

> *También en la obra de este muro restauré mi parte, y no compramos heredad; y todos mis criados juntos estaban allí en la obra. Además, ciento cincuenta judíos y oficiales, y los que venían de las naciones que había alrededor de nosotros, estaban a mi mesa. Y lo que se preparaba para cada día era un buey y seis ovejas escogidas; también eran preparadas para mí aves, y cada diez días vino en toda abundancia; y con todo esto nunca requerí el pan del gobernador, porque la servidumbre de este pueblo era grave* (Nehemías 5:16-18).

Y concluyó:

> *Acuérdate de mí para bien, Dios mío, y de todo lo que hice por este pueblo* (Nehemías 5:19).

Le hacía recordar a Dios, al colocar una piedra conmemorativa delante de Él.

Me interesaría saber lo que está escrito en el libro de los recuerdos del cielo, pero pienso que el registro de Las Escrituras nos da una buena idea. Toma el ejemplo de Sara, la esposa de Abraham. En Génesis 18:

> *Se rió, pues, Sara entre sí, diciendo: ¿Después que he envejecido tendré deleite, siendo también mi señor ya viejo? Entonces Jehová dijo a Abraham: ¿Por qué se ha reído Sara diciendo: Será cierto que he de dar a luz siendo ya vieja? ¿Hay para Dios alguna cosa difícil? Al tiempo señalado volveré a ti, y según el tiempo de la vida, Sara tendrá un hijo. Entonces Sara negó, diciendo: No me reí; porque tuvo miedo. Y él dijo: No es así, sino que te has reído* (Génesis 18:12-15).

No se rió apenas, con vergüenza. La palabra hebrea para risa nos dice que ella se estaba burlando de lo que Dios había dicho. No solo eso, mintió al respecto cuando Dios la confrontó. Pero Hebreos 11:11 dice de la misma mujer:

> *Por la fe también la misma Sara, siendo estéril, recibió fuerza para concebir; y dio a luz aun fuera del tiempo de la edad, porque creyó que era fiel quien lo había prometido.*

¡Guau! ¡El registro seguramente suena distinto a la realidad! Esto nos dice algo hermoso: el libro de los recuerdos no tiene registros de nuestros errores. Génesis 18 fue registrado para el beneficio del ser humano, para que tú y yo podamos identificarnos con aquellos que siguieron a Dios en el pasado. Pero Hebreos 11 muestra cómo está registrado en el libro de los recuerdos. Una vez que se ha aplicado la sangre, ya no existe registro de pecado. Dios hace alarde en todo el cielo de Sara, y hace lo mismo de ti y de mí. Tal vez tuviste una mala semana, pero de todas maneras hiciste todo lo posible para adorar a Dios. Eso se registró en el libro de los recuerdos. Tal vez le gritaste a los niños todo el camino a la iglesia, pero cuando te disculpaste y sinceramente adoraste a Dios y buscaste su presencia, los ángeles registraron "Tal persona se movió con mucha fe en esta fecha. Se levantó en medio de las difíciles circunstancias y vio que el propósito de Dios era superior a todo en su vida". ¡Lo que en la vida natural parece la mañana de un domingo espantoso fue registrado como un gran acto de fe!

Renovar la mente se vuelve posible cuando recordamos, registramos, revisamos y nos recordamos a nosotros mismos y a Dios lo que Él ha hecho en el pasado, y nuestra obediencia. Es una forma segura de solidificar nuestra identidad en Él, y de moldear nuestra mente para que sea conforme a la mente de Cristo.

A continuación, abordaremos el difícil problema de mantener nuestra mente en la realidad del cielo durante los tiempos de crisis personales.

›› Capítulo 8 ‹‹‹

Incertidumbre que perdura

Gustosamente viviré en medio de un misterio sin explicación antes de creer en una mentira para sentirme mejor en mis circunstancias.

Una de las lecciones más difíciles que un cristiano puede aprender es cómo confiar y alabar a Dios en tiempos de incertidumbre entre una promesa y su cumplimiento. Creo que pararse en medio de la muerte y la enfermedad, los conflictos y los problemas no resueltos y hacer que tu espíritu se levante y dé gracias a Dios es un poderoso acto de guerra espiritual.

No puedo dejar de pensar en la experiencia de una de nuestras misioneras más respetadas, Tracey. Hace poco, manejaba desde Sudáfrica hacia Mozambique cuando el pequeño autobús justo delante de ella salió fuera de control, rodó fuera de la ruta y chocó a una velocidad de cien kilómetros por hora. Pasajeros fueron despedidos del vehículo mientras rodaba. Ella y otros conductores se detuvieron para ayudar y descubrieron una escena espantosa al ir de víctima a víctima. Muchas personas tenían heridas que amenazaban sus vidas, heridas traumáticas en la cabeza, y estaban inconscientes tirados en el piso. Había una mujer muerta. No tenía signos vitales, su cabeza estaba dada vuelta hacia atrás, y tenía un ojo apoyado sobre una mejilla. Nuestra misionera, graduada de la universidad de Standford como asistente médica, tomó a los transeúntes y los colocó a cada uno con una persona herida. Luego les ordenó: "¡Declaren vida en el nombre de Jesús! ¡Cuando los mire, quiero verlos moviendo los labios!". Y, ¡eso hicieron!

Minutos más tarde, mientras ella evaluaba a los heridos, la mujer asignada a la pasajera muerta dio un grito. La mujer "muerta" había gemido, había dado vuelta la cabeza y había comenzado a respirar de nuevo. Para su asombro los signos vitales de la mujer eran fuertes, y el ojo que tenía fuera de lugar estaba de nuevo en su cuenca. Eso hizo que los demás oraran mucho más fervorosamente por sus pacientes. En poco tiempo, las víctimas que estaban inconscientes volvieron en sí y aquellas que estaban heridas de gravedad dejaron de sangrar. Muchas heridas fueron sanadas, y muchas de las personas que vivieron seguramente hubiesen muerto.

Cuando escuché esa historia, mi mente volvía a aquellas personas que se detuvieron y oraron aun cuando la situación parecía no tener esperanzas. Esa es la clase de actitud que debemos tener en tiempos de incertidumbre. Nuestras circunstancias problemáticas pueden durar días, meses, o años, en lugar de tan solo una hora o dos, pero nuestro enfoque debe ser el mismo: debemos declarar la bondad y la fidelidad de Dios incluso en medio de nuestra prueba, antes de tener una respuesta.

¿Por qué tenemos que soportar la incertidumbre? Eso es un misterio, pero La Biblia insinúa una respuesta cuando da la ilustración espiritual de una ciudad llamada la comunidad de los redimidos, o Sión (ver Isaías 62). Isaías 60:18 dice: *"sino que a tus muros llamarás Salvación, y a tus puertas Alabanza"*. En Apocalipsis vemos que esta puerta también se denomina alabanza y descubrimos que está hecha de una perla sólida (ver Apocalipsis 21:21). Piensa por un momento, ¿Cómo se forma una perla? Mediante la irritación y el conflicto. Un grano de arena se introduce en el caparazón de la ostra, y se forma una perla alrededor del gránulo para que no la dañe. El que La Biblia ponga juntas la idea de alabanza con irritación no es coincidencia. Cuando nos atascamos en un conflicto y en la incertidumbre, y aun así alabamos a Dios sin manipulación, es un sacrificio.

Significa que estamos reaccionando en una manera que produce algo hermoso. En ese momento, se forma una puerta, un lugar de entrada donde el Rey de gloria puede invadir nuestra situación.

Muchas personas no poseen puertas porque no lo alaban a Dios en medio de la aparente paradoja. Se quedan atascados preguntándose: "¿Cómo puede Dios prometer sanar todas mis enfermedades, pero el problema continúa en mi cuerpo? ¿Cómo puede Dios prometer que va a proveer, y sin embargo hace tres meses que no tengo trabajo?" Pero el Salmo 87:2 dice: *"Ama Jehová las puertas de Sión más que todas las moradas de Jacob"*. La puerta –ese lugar de alabanza en medio del conflicto– es donde descansa su presencia, donde el mismo Rey mora. La puerta se forma cuando nos movemos por encima de las explicaciones humanas hacia un lugar de confianza.

Las personas tienden a responder de una o dos maneras cuando la respuesta que buscan no llega. Veamos por qué esos enfoques no funcionan.

Acusar a Dios...

Cuando algunos cristianos se encuentran en un lugar de incertidumbre sin respuesta para su problema, cambian su visión de Dios y le atribuyen rasgos de su carácter que son totalmente antibíblicos. Tal vez se convencen de que no los ayudará en el pozo económico que se encuentran, porque no está interviniendo en sus asuntos, aunque La Biblia dice: *"Mi Dios, pues, suplirá todo lo que os falta conforme a sus riquezas en gloria en Cristo Jesús"* (Filipenses 4:19). Tal vez declaren que no los va a sanar, aunque La Biblia dice que *"Él perdona todas tus iniquidades y sana todas tus dolencias"* (Salmo 103:3).

La incertidumbre hace que algunas personas malinterpreten quién es Dios. Comienzan a negar la verdadera naturaleza de Dios y a aceptar la enfermedad, la pobreza y la angustia mental como regalos de Dios. Esa es una devastadora mentira del infierno. En realidad es una blasfemia atribuirle a Dios las obras del diablo.

Pero muchos cristianos quieren respuestas tan desesperadamente durante los tiempos de incertidumbre que inventan respuestas teológicas para sentirse bien en su condición actual. Al hacerlo, sacrifican la verdad acerca de Dios en el altar del razonamiento humano. Eso es lo que hace que las personas digan cosas como: "Dios le dio a mi tía leucemia para enseñarle perseverancia". De ninguna manera. Eso nunca ha sucedido. Si el cuerpo de alguien es atormentado con dolor o consumido a causa de una enfermedad, es el devorador. No es la descripción del oficio del Mesías. La Biblia dice: *"Él es quien perdona todas tus iniquidades, el que sana todas tus dolencias"*. Nunca entraría en nuestra mente la idea de que Dios daría a alguien una adicción a drogas o un problema de alcoholismo para ayudarlo a ser una mejor persona. Entonces, ¿por qué condenaría Él a las personas con una enfermedad? ¿O pobreza? ¿O depresión? ¿O cualquier condición miserable?

Veamos si nos entendemos: Dios es bueno siempre. El diablo siempre es malo. Haríamos bien en recordar la diferencia entre los dos. Sanidad, salvación, integridad, provisión y gozo ya nos han sido dados. No pueden ser retirados o devueltos. Son hechos de la vida del Reino. Jesús pagó por ellos en la cruz.

Otros cristianos caen en el engaño de que cuando La Biblia habla acerca de los sufrimientos se refiere a todas las aflicciones anteriores. ¡En absoluto! El sufrimiento al que se refiere La Biblia es vivir entre dos realidades conflictivas y confiar y alabar a Dios a pesar de todo[1]. Cualquiera puede declarar la grandeza de Dios luego de haber ganado la lotería. Pero cuando vivas en medio de un conflicto –sea que tengas una promesa sin cumplir, o un problema que parece no resolverse jamás– levántate sobre toda circunstancia y declara que Él es bueno todo el tiempo, sin importar la situación.

Aumentar nuestra guerra...

¿Por qué las enfermedades y las adicciones y todas las demás herramientas del diablo continúan atormentando a la raza humana?

Estoy convencido que si supiéramos más acerca de la guerra espiritual, podríamos desbaratar mucho de lo que vemos. Lo que se necesita para curar lo incurable y hacer lo imposible es guerra a un nivel que nunca hemos experimentado. Existen dos situaciones en el Nuevo Testamento que apoyan esta idea. En una, Jesús impuso manos sobre un hombre ciego y le preguntó si veía algo. El hombre dijo: "*Veo los hombres como árboles, pero los veo que andan*" (Marcos 8:24). Para obtener el milagro completo, el hombre necesitó un segundo toque de Jesús. Necesitó persistencia. En otra situación, un niño atormentado tenía un demonio que lo tiraba al agua y al fuego para matarlo. El padre llevó al niño ante Jesús y dijo: "*Si puedes hacer algo, ten compasión de nosotros y ayúdanos*" (Marcos 9:22 NVI).

Jesús contestó: "*¿Cómo que si puedo? Para el que cree, todo es posible*" (Marcos 9:23 NVI).

En otras palabras, Jesús no tiene ninguna limitación; Él es absolutamente bueno todo el tiempo. No había ninguna duda acerca de qué quería Él en esa situación o qué podía hacer. La responsabilidad por lo imposible no estaba en Jesús sino en el padre del niño, y en los discípulos que no habían sido capaces de echar fuera al demonio.

Cierta vez, mientras me encontraba ministrando en California del Sur, una madre me trajo a un niño que estaba atormentado por demonios. El niño me arañó y apretó mientras yo oraba y ataba y hacía todo lo que sabía hacer, y sin embargo mis oraciones no tenían ningún efecto aparente. La madre me miró y pronunció unas palabras que nunca voy a olvidar: "¿No hay nadie aquí que pueda ayudarme?". ¿Por qué esa madre me trajo a su niño? Porque yo representaba a alguien, Jesús, quien es absolutamente perfecto, no conoce la falta de poder y está completamente dispuesto a traer liberación. ¿Es razonable concluir que porque traté y no traje liberación al niño la voluntad de Dios para el niño era que siguiera atormentado? No, ni lo era más que cuando los discípulos trataron y fracasaron en traer liberación. Pero esa es la teología que muchas personas aceptan durante los tiempos de incertidumbre.

Jesús dijo algo completamente diferente: *"Este género con nada puede salir, sino con oración y ayuno"* (Marcos 9:29). Jesús no oró ni ayunó en ese momento particular en que sanó al niño endemoniado. Pero tenía una cámara de oración llena con el tiempo que había pasado con el Padre para que el cielo pudiera aparecer en el mundo natural de un momento a otro. Él ejercitó la fe porque tenía intimidad con Dios, como deberíamos hacer nosotros. Mi incapacidad para traer la liberación que ese niño necesitaba me ha llevado al trono. ¡Debo tener más!

Cuando nos encontramos en épocas de incertidumbre en nuestra vida, somos como los discípulos en ese momento de fracaso. Eran las personas con más experiencia en milagros en la Tierra en aquel tiempo. Nadie había visto más y había hecho más que ellos, y sin embargo se encontraron con algo que no podían solucionar. Esto aún es verdad hoy. Tal vez nos encontremos enfrentando un problema sin saber dónde están las herramientas para poder solucionarlo. Pero eso no significa que el problema sea insuperable. Hay poder en la resolución dentro de tu corazón que declara que Dios es bueno todo el tiempo, y que su voluntad para sanidad e integridad no ha cambiado, a pesar de lo que veamos en lo natural.

Puedes descansar sabiendo que hay dos cosas garantizadas para ti. La primera es que en cada situación en que sufras una pérdida a causa del devorador, todas las cosas te ayudarán para bien. ¿Acaso Dios planeó maldad para tu vida? No. ¿Te la asignó a ti? No. Pero Él es tan grande que puede ganar con cualquier mano. Puede utilizar tu pecado del pasado o los ataques diabólicos para lograr lo que quiere.

Segundo, nuestro Dios es un Dios de venganza. El diablo nunca tiene la palabra final en nada. La bestia será silenciada y habrá justificación absoluta y completa por cada momento de enfermedad, aflicción, dificultad, tormento y tentación que hayas experimentado. Tenemos una promesa en Romanos 8:18 que dice: *"Pues tengo por cierto que las aflicciones del tiempo presente no son comparables con la gloria venidera que en nosotros ha de manifestarse*". La dificultad que experimentas en tus finanzas, en ese asalto a tu cuerpo, en ese ataque a tu familia o a tus emociones, no puede compararse con la gloria que será revelada en ti. Como dijo Bob Mumford hace mucho tiempo: "Leí el último capítulo y ganamos".

La mente ofendida...

La segunda manera de responder de los cristianos al enfrentar la incertidumbre es que a menudo se vuelven intelectualmente ofendidos con Dios. Marcos 6:1-6 lo ilustra de la siguiente manera:

> *Salió Jesús de allí y vino a su tierra, y le seguían sus discípulos. Y llegado el día de reposo, comenzó a enseñar en la sinagoga; y muchos, oyéndole, se admiraban, y decían: ¿De dónde tiene éste estas cosas? ¿Y qué sabiduría es esta que le es dada, y estos milagros que por sus manos son hechos? ¿No es éste el carpintero, hijo de María, hermano de Jacobo, de José, de Judas y de Simón? ¿No están también aquí con nosotros sus hermanas? Y se escandalizaban de él. Mas Jesús les decía: No hay profeta sin honra sino en su propia tierra, y entre sus parientes, y en su casa. Y no pudo hacer allí ningún milagro, salvo que sanó a unos pocos enfermos, poniendo sobre ellos las manos. Y estaba asombrado de la incredulidad de ellos. Y recorría las aldeas de alrededor, enseñando.*

Este pasaje muestra cómo una mente no regenerada es una horrible arma que puede utilizarse en nuestra contra, haciéndonos rechazar la misma respuesta que necesitamos. Los ciudadanos de Nazaret estaban sorprendidos por las enseñanzas de Jesús al principio. Los sacudió y les llamó la atención. Cuando Él comenzó a enseñar en la sinagoga, se decían unos a otros: "¡Guau! ¿Dónde aprendió acerca de todo esto? ¡Es increíble!". Estaban impresionados, y eso creó un ambiente en el que Jesús podría haber hecho milagros para ilustrar el poder de lo que estaba enseñando. Pero cuando evaluaron la situación de lo que sucedía, dijeron: "Esperen un minuto. Conocemos a este tipo. Conocemos a su papá, a su mamá, a sus hermanos, ¿cómo puede estar haciendo todos estos milagros?". Sus mentes se ofendieron con Jesús. Esta no es la clase de ofensa en la que alguien te hiere. Esta es una ofensa intelectual, cuando no tienes respuestas a las preguntas que bloquean tu capacidad de confiar en lo invisible.

Muchas veces escucho a las personas decir cosas como: "Desearía poder creer que Dios sana a la gente hoy en día, pero mi abuela murió hace dos semanas y oramos por ella y no se sanó". O, "desearía poder creer que Dios me ama, pero acabo de divorciarme, y sé que un Dios bueno no permitiría esa clase de dolor". El dolor sincero y genuino separa a las personas de Dios porque tienen preguntas, sin respuestas.

Las preguntas están permitidas en el Reino, pero la falta de respuestas no debe interrumpir nuestra comunión de corazón con Dios. Si demandamos respuestas de Dios, entonces estamos caminando en el espíritu de ofensa. Oseas 6:3 dice: *"Y proseguiremos en conocer a Jehová"*. La palabra "proseguir" puede traducirse como "cazar". Es una ilustración de cuán apasionadamente deberíamos buscar a Dios, a pesar de no entenderlo a Él o sus caminos por completo. Debemos correr hacia Él incluso en tiempos de una potencial ofensa. La Biblia promete que: *"Es necesario que a través de muchas tribulaciones entremos en el Reino de Dios"* (Hechos 14:22). Pasar por dificultades –sin volverse desafiante o demandante con Dios– nos llevará a lo que Dios promete.

David dio un buen ejemplo cuando le ordenó a sus emociones y a su mente alinearse con la verdad de Dios. Escribió en el Salmo 103:1-2:

Bendice, alma mía, a Jehová,
Y bendiga todo mi ser su santo nombre.
Bendice, alma mía, a Jehová,
Y no olvides ninguno de sus beneficios.

Me da la impresión que lo escribió en una época en que se encontraba tentado a ofenderse con Dios. Esa es una oración tremenda que tú y yo podemos hacer cuando nos encontramos en un lugar de incertidumbre, preparados para ofendernos con Dios. Podemos alinear nuestra mente y emociones con la realidad.

Cuando te encuentras en un tiempo de incertidumbre –y en algún momento seguramente lo estarás– recuerda que puedes crear una puerta de alabanza al levantar tu corazón y tu voz al Señor. Busca persistentemente la compañía de Dios aunque tu incertidumbre parezca profunda e interminable, y ninguna respuesta se haya materializado. El sufrimiento durará un momento en el inmenso plan de Dios para tu vida. Sé agradecido por la oportunidad de perseverar. Y es seguro que ¡mejores tiempos vienen en camino!

Notas

1. El sufrimiento bíblico es en general la persecución por vivir rectamente.

››› CAPÍTULO 9 ‹‹‹

APRENDER DEL CUERPO

El cuerpo humano fue diseñado para vivir en la gloria de Dios... fue hecho para reconocer a Dios.

Un domingo a la mañana, mi esposa Beni y yo estábamos adorando en nuestra iglesia cuando una mujer se acercó adelante y comenzó a adorar enfrente de nosotros. Como en el frente de nuestro santuario siempre está lleno de bailarines y jóvenes que adoran con las banderas, no pensé que era algo inusual. Pero luego, ella comenzó a hacer cosas que me parecieron extrañas. Cuando digo "extrañas", debes entender, que tengo una gran tolerancia por lo que podría considerarse un comportamiento raro en la adoración. Las personas literalmente han dado vueltas y saltos enfrente de mí durante su adoración a Dios, y no me ha molestado para nada. Algunas han venido a la iglesia vestidas con ropa camuflada y se han pintado como en la guerra, y una mujer se puso un vestido de novia con botas de combate como una declaración profética del Reino. Eso es la iglesia normal para nosotros. Pero los movimientos de esta mujer en particular no parecían fluir del Espíritu Santo, así que traté de discernir qué era lo que sucedía en mi hombre espiritual, el lugar donde se encuentra el indicador que te dice que algo no está bien. Generalmente ese don funciona bien en mí, pero esta vez parecía como si el Señor hubiera entrado en mi corazón y lo hubiera apagado. No sentía nada, bueno o malo. No tenía ninguna señal espiritual acerca de lo que estaba pasando delante de mí.

Pero algo inusual sucedió: noté un cambio en la temperatura del aire a mi alrededor. Justo el lugar donde estaba parado se puso frío, probablemente cinco grados más frío que en cualquier otra parte. Recuerdo que mi hermano, que también es pastor, tuvo un encuentro con un demonio en su oficina. Su oficina tenía el mismo sistema de calefacción que las demás. Pero luego de este encuentro, la suya permaneció fría durante una hora. Las personas, sin saber lo que le había sucedido anteriormente, cuando entraban a su oficina decía: "Guau, está helado aquí dentro".

Con eso en mente, investigué un poco más. Caminé hacia otra parte del santuario y estaba cálido. Volví a mi asiento y hacía frío. Tenía el presentimiento de que el diablo estaba obrando. Me acerqué a nuestra bailarina principal y en voz baja le pedí que adorara a Dios con la danza en la plataforma porque necesitábamos quebrar algo en la esfera espiritual. Se levantó y comenzó a bailar y en el momento en que cruzó la plataforma, la mujer que estaba enfrente de mí se desplomó, como si fuera un títere y le hubieran cortado las cuerdas. Beni se inclinó a su lado y oró con ella. Discernimos una sinceridad verdadera, un corazón que era recto, pero necesitaba liberación y salvación. Terminó en una historia maravillosa, pero quiero llamar tu atención al hecho de que las señales en la esfera física –en este caso, el aire más frío de lo normal– ayudaron a lograr un progreso espiritual. La situación contenía indicadores físicos de la realidad espiritual.

Presenten sus cuerpos...

Anteriormente en el libro, mencioné de forma breve que la mente está extremadamente subestimada dentro de los círculos carismático pentecostales. Lo mismo sucede con el cuerpo físico. Muchos ven al cuerpo como la maldad misma, algo que debe ser ignorado, puesto a un lado, tolerado pero nunca utilizado en verdad para los propósitos del Reino. Pero Dios diseñó el cuerpo humano para ser más que una tienda en la cual morar. Es un instrumento de Dios que reconoce su presencia y discierne lo que sucede en la esfera del Reino. Romanos 12:1-2 dice:

> *Así que, hermanos, os ruego por las misericordias de Dios, que presentéis vuestros cuerpos en sacrificio vivo, santo, agradable a Dios, que es vuestro culto racional. No os conforméis a este siglo, sino transformaos por medio de la renovación de vuestro entendimiento, para que comprobéis cuál sea la buena voluntad de Dios, agradable y perfecta.*

Los cristianos utilizan este pasaje mayormente cuando envían a un nuevo misionero a algún lugar del extranjero, o cuando las personas hacen otro tipo de ministerio que implica sacrificio. Alentamos a las personas a ofrecer sus cuerpos como sacrificio vivo al ser voluntarios en una Misión de Rescate, o en un geriátrico, al ir a algún lugar o hacer algo con su cuerpo. He escuchado a personas enseñar que cuando levantamos nuestras manos o bailamos o nos arrodillamos o nos postramos en adoración, estamos ofreciendo nuestro cuerpo como sacrificio vivo. Todas esas aplicaciones son verdaderas y correctas. Pero me gustaría indicar que este pasaje también habla acerca del rol de nuestro cuerpo físico en reconocer la obra de Dios. Permíteme desarrollar este tema en la vida del rey David, el hombre tal vez más familiarizado con la presencia y la gloria de Dios que cualquier otro en toda la historia.

David tuvo treinta o cuarenta años en los cuales entraba libremente delante de la verdadera y manifiesta gloria de Dios que se encontraba sobre el Arca del Pacto. La gloria de Dios irradiaba de forma visible desde ella. La Biblia aclara que David estaba inmensamente impactado por la gloria de Dios. Como resultado escribió:

> *Mi carne te anhela...*" (Salmo 63:1 b).

¿Acaso estaba hablando solo en forma poética? No lo creo. Estaba declarando que había sido tan afectado por la presencia y la gloria de Dios que su cuerpo mismo le dolía y clamaba pidiendo más. Lo que era real para David es también real para nosotros. De la misma manera en que tú y yo podríamos estar hambrientos y sedientos, nuestro cuerpo físico –no tan solo nuestras emociones, intelecto y espíritu– pueden doler por Dios. Y si podemos estar hambrientos por Dios en lo físico, entonces podemos ser satisfechos por Dios en lo físico. El hambre no existiría si no tuviéramos la capacidad de satisfacerlo. Tú no tienes apetito por cosas que no existen. En cambio, Dios ha colocado entre nuestras características la capacidad de reconocerlo a Él y a sus actividades con nuestro cuerpo físico.

Sentidos entrenados...

Demos un paso más adelante. Hebreos 5:14 dice que una señal de madurez es tener los sentidos entrenados para discernir lo bueno y lo malo. El tacto, el olfato, la vista, el oído y el gusto pueden entrenarse para ayudarnos en el proceso de discernimiento. No solo podemos reconocer la presencia de Dios con nuestro cuerpo, sino que aquellas señales físicas pueden ayudarnos a discernir lo bueno y lo malo. Durante ese domingo a la mañana, en la adoración, mi espíritu no me estaba diciendo nada acerca de la mujer enfrente de mí, pero la temperatura del aire lo comunicó. Desafortunadamente, muchos cristianos no prestan nada de atención a lo que les sucede físicamente cuando Dios aparece. Están centrados solamente en el lado intelectual o emocional de las cosas. Ignoran uno de los sistemas que Dios nos dio para percibir lo que sucede en la esfera del Reino. Te tengo noticias: el primer idioma de Dios no es el español. Él se comunica con nosotros de varias maneras, a través de impresiones en el corazón, imágenes mentales, sentimientos, emociones y sensaciones físicas. Cuando ignoramos nuestro cuerpo, a veces estamos ignorando la voz de Dios.

Esto es importante porque cuando negamos las señales físicas del Reino, nos podemos perder lo que Dios hace. A veces, Jesús camina al lado de nuestro bote y no tiene la intención de entrar en él, figurativamente hablando. El evangelio de Marcos dice: "*Y viéndoles remar con gran fatiga, porque el viento les era contrario, cerca de la cuarta vigilia de la noche vino a ellos andando sobre el mar, y quería adelantárseles*" (Marcos 6:48). Él lo hace de esa manera para hacernos saber que está al lado, pero la única manera en que entrará en nuestro barco es si lo pedimos con firmeza. Se pone al alcance, pero no lo hace automático. Si no percibimos que está allí, perderemos la oportunidad. Los discípulos perdieron la suya porque algunos pensaron que era un fantasma. ¿Hasta cuándo malinterpretaremos lo que vemos y percibimos físicamente con nuestros sentidos, y perderemos las oportunidades de estar con Jesús?

En estos días, he visto muchos cristianos abiertos a las formas en que Dios habla. Perciben lo que Él hace, y lo llaman para que suba al bote. Están entrando a la aventura que dice: "Quiero que todo mi ser sea utilizado por Dios, que pueda ser útil en cada situación". Un día será normal para todos los cristianos discernir el Reino con los cinco sentidos. Pero para llegar allí, debemos entrenar nuestros sentidos.

CÓMO SE SIENTE...

Los pilotos, cuando están aprendiendo a volar, se prueban ellos mismos en simuladores de vuelo con la cabina a presión como si estuvieran a doce mil metros de altura. El instructor comienza a reducir gradualmente el oxígeno para que el piloto en entrenamiento pueda reconocer y observar lo que sucede con su cuerpo cuando el avión pierde oxígeno. Cada cuerpo responde de manera distinta. A algunas personas les duele el cabello de los brazos. A algunas les zumban los oídos. A otras les duele los músculos de las piernas. Lo importante es estar familiarizado con la manera en que el propio cuerpo reacciona para que, si las máscaras de oxígeno no caen adecuadamente, puedan reconocer a partir de las señales físicas que están perdiendo oxígeno.

¿Cómo reaccionas cuando Dios entra en la habitación de una manera especial? ¿Cómo manifiestas la presencia de Dios? ¿Cómo sientes o percibes a Dios cuando se está moviendo a tu alrededor? Necesitas conocer la respuesta a esas preguntas para tener de forma completa una vida cristiana normal. Sin entender que Dios se mueve y se comunica con nosotros en la esfera física, nuestra mente no podrá alinearse totalmente con la realidad del cielo.

Para mí, ha sido un proceso de descubrimiento. Aprendí que la unción tangible, la presencia del Espíritu Santo para la operación de los dones, es físicamente discernible. Puedo sentirla físicamente, como si alguien tomara una bufanda de seda y la colocara sobre mi mano. ¿Por qué eso es importante? No para que podamos cautivarnos unos a otros con lo que sentimos; el punto no es competir. El punto es ajustar nuestras capacidades de percepción para saber cuándo Dios ha entrado en la habitación, y qué es lo que desea hacer.

He hablado con personas que sienten un hormigueo en el cuello, o fuego en las manos cuando Dios comienza a moverse en una situación o un lugar. He visto en mi propio cuerpo que cuando alguien comienza a hablar acerca de avivamiento o sanidad, mi mano izquierda se calienta. ¿Por qué? No estoy seguro, pero La Biblia enseña que el poder de Dios está oculto en sus manos (ver Habacuc 3:4). Cuando alguien habla acerca de avivamiento o sanidad, enciende el área del cariño de mi corazón y la unción es liberada a través de ese cariño. Pablo dijo: "*No estáis estrechos en nosotros, pero sí sois estrechos en vuestro propio corazón*" (2 Corintios 6:12).

Cierta vez, uno de nuestros jóvenes estaba caminando por un supermercado y sintió que la unción de Dios caía sobre sus manos. Así que se acercó a todos los que pudo encontrar en el lugar diciendo: "¿Necesitas un milagro en tu cuerpo? Dios está aquí".

Todos lo rechazaron hasta que salió del supermercado. Un hombre justo estaba entrando. Él le preguntó: "¿Necesitas un milagro en tu cuerpo?". Y el hombre le contestó: "De hecho sí. Estoy sufriendo un dolor atroz, y me han operado de la espalda varias veces". Oró por él y el hombre fue instantáneamente sano, luego escuchó el evangelio y nació de nuevo. El joven comenzó a gritar en medio del estacionamiento que Dios había sanado a este hombre, y otra persona fue salva. Todo comenzó al tener los sentidos entrenados para discernir lo bueno y lo malo, y reconocer un "momento de Dios" incluso en un lugar inusual.

No digo que podamos sentir físicamente cada vez que Dios obra. Digo que debemos prestar atención a las señales físicas. Aprenderás cómo reacciona tu cuerpo. Tal vez te lleve años, como me ha tomado a mí. A veces, oro por alguien y no veo nada, pero la persona queda sana. Los sentidos físicos no siempre son indicadores seguros, pero son un indicador que Dios utiliza. No nos quedemos atascados en la aventura de aprender a reconocer la presencia de Dios. Dios utilizará cada parte de lo que somos. Afina tu cuerpo y comienza a percibir la unción y la presencia de Dios.

En el próximo capítulo de este libro, hablaremos acerca de uno de los temas más queridos para mi corazón: soñar y colaborar con Dios.

››› Capítulo 10 ‹‹‹

Soñar con Dios

Estar absolutamente rendido a la voluntad de Dios es la única manera de vivir para el creyente.

Incluso algo extraño sucede cuando esa persona entra en la intimidad de amistad con Dios; Dios se interesa por nuestros deseos. Y finalmente, Él desea que nuestra mente sea renovada para que pueda hacerse nuestra voluntad.

A esta altura, espero que esté claro que la vida cristiana normal es una asociación entre Dios y cada uno de nosotros, que se interpreta en la vida diaria cuando nos volvemos la puerta del cielo, al liberar la manifestación de la realidad de Dios a nuestro alrededor. Pablo nos llamó colaboradores con Cristo (ver 2 Corintios 6:1) y eso es lo que somos: socios, compañeros en la obra del cielo en la esfera terrenal. Pero muchos cristianos tienen una perspectiva unidimensional acerca de esta idea de colaborar. Creen que es una interacción robótica entre ellos y Dios en la que su voluntad se sintoniza a cero y la voluntad de Dios toma sus deseos y pensamientos completamente. Se ven a sí mismos como seres a control remoto, bajo la completa dirección de un Dios que se sienta en el cielo y maneja el control central. Pero eso es exactamente lo opuesto a lo que dice La Biblia. En efecto, nuestras ideas, deseos y sueños tienen una influencia monumental en la manera en que Dios lleva a cabo su plan en el mundo. Somos colaboradores, que quiere decir que fuera de Cristo nuestra obra no está completa, y al mismo tiempo, asombrosamente, su obra en la Tierra no está completa sin nosotros. Dios nos ve a ti y a mí como contribuidores de lo que Él hace, no como robots que realizan las ideas de Él. Él verdaderamente está interesado en nuestros deseos y sueños y ha abierto su plan en este planeta a tu influencia.

Esto suena casi blasfemo para los oídos de los cristianos modernos. Muchos de nosotros, también me incluyo, hemos hecho oraciones en el pasado diciendo: "¡Oh, Dios, toma el control de mi voluntad!". Esa es fácilmente una de las oraciones más estúpidas que alguien pueda hacer. Subestima por completo nuestra voluntad, que es una de las cosas más grandiosas que Dios haya creado. Tu voluntad es tan valiosa que Él no la violaría ni siquiera al precio de su propio Hijo. Tú y yo somos la perla de gran precio. Sin una voluntad independiente, nos volvemos juguetes animados, muñecos, juguetes programados. Pero con una voluntad libre, nos volvemos amantes de Dios y deseosos colaboradores con Él. Y cuando colaboramos con Él, nuestras ideas cambian literalmente el curso de la historia.

La Biblia nos muestra cómo funciona la colaboración. En la creación, Dios le permitió a Adán que pusiera nombre a los animales (ver Génesis 2:19). En aquellos días, el nombre era más que una linda etiqueta dada para distinguir a las criaturas. Los nombres se asignaban de acuerdo al carácter. Indicaban la clase de ser que ese ser sería. Cuando Dios le dio a Adán el privilegio y la responsabilidad de nombrar a todos los animales, lo estaba invitando a asignarles el carácter y la naturaleza a aquellas criaturas con las que pasaría el resto de su vida. Dios los creó a todos; Adán le añadió su expresión creativa al darles a los animales ciertas naturalezas. Eso es colaborar.

Podemos ver otro ejemplo en la vida de Moisés. Moisés tenía una de las relaciones más íntimas con Dios en todas Las Escrituras.

Experimentó a Dios cara a cara, incluso boca a boca, dicen algunos. ¿Cómo funcionó esa relación? Cierta vez Dios le dijo a Moisés:

> *Entonces Jehová dijo a Moisés: Anda, desciende, porque tu pueblo que sacaste de la tierra de Egipto se ha corrompido. Pronto se han apartado del camino que yo les mandé; se han hecho un becerro de fundición, y lo han adorado, y le han ofrecido sacrificios, y han dicho: Israel, estos son tus dioses, que te sacaron de la tierra de Egipto. Dijo más Jehová a Moisés: Yo he visto a este pueblo, que por cierto es pueblo de dura cerviz. Ahora, pues, déjame que se encienda mi ira en ellos, y los consuma; y de ti yo haré una nación grande* (Éxodo 32:7-10).

Moisés respondió:

> *Entonces Moisés oró en presencia de Jehová su Dios, y dijo: Oh Jehová, ¿por qué se encenderá tu furor contra tu pueblo, que tú sacaste de la tierra de Egipto con gran poder y con mano fuerte? ¿Por qué han de hablar los egipcios, diciendo: Para mal los sacó, para matarlos en los montes, y para raerlos de sobre la faz de la tierra? Vuélvete del ardor de tu ira, y arrepiéntete de este mal contra tu pueblo. Acuérdate de Abraham, de Isaac y de Israel tus siervos, a los cuales has jurado por ti mismo, y les has dicho: Yo multiplicaré vuestra descendencia como las estrellas del cielo; y daré a vuestra descendencia toda esta tierra de que he hablado, y la tomarán por heredad para siempre* (Exodo 32: 11-13).

¿Cuál fue la respuesta de Dios?

> *Entonces Jehová se arrepintió del mal que dijo que había de hacer a su pueblo* (Éxodo 32:14).

Esa es una interacción impresionante. Dios no estaba jugando algún juego psicológico. No estaba utilizando la psicología inversa para llevar a Moisés a la conclusión correcta. Estaba interactuando con Moisés como un amigo. Era una conversación entre personas íntimas, no entre siervo y señor. Jesús afirmó que nosotros tenemos esta clase de relación con Dios en Juan 14, 15 y 16.

> *Ya no os llamaré siervos, porque el siervo no sabe lo que hace su señor; pero os he llamado amigos, porque todas las cosas que oí de mi Padre, os las he dado a conocer* (Juan 15:15).

> *Si algo pidiereis en mi nombre, yo lo haré* (Juan 14:14).

> *Si permanecéis en mí, y mis palabras permanecen en vosotros, pedid todo lo que queréis, y os será hecho* (Juan 15:7).

Los siervos no son colaboradores; sí los son los amigos. Existen grandes diferencias entre la mentalidad de cada uno. Un siervo está orientado al trabajo, quiere saber exactamente qué es lo que debe hacer. Pero un siervo no conoce los negocios de su señor desde adentro. Hoy en día no tenemos siervos, por eso nos resulta difícil entenderlo, pero imagínate que tuvieras personas viviendo dentro de tu casa que te sirvieran e hicieran tu voluntad. Un siervo conocería ciertas cosas sobre ti, como tus hobbies, si te gusta ir a los partidos de béisbol o a pescar, qué te gusta cenar, a qué hora te gusta tomar el café por la mañana. Pero un siervo no compartiría tiempo personal contigo. No te consolaría en los tiempos difíciles; no harías a tus siervos parte de tus discusiones familiares o de las decisiones importantes de negocios, ni siquiera de las decisiones menores. Pero Dios nos ha elevado de siervos a amigos. Nos invita a una relación que va más allá de una interacción empleador-empleado. Él desea que lo tengamos en cuenta... que cambiemos su mente, que dirijamos sus ideas, que compartamos su obra creativa revelada. No es que le falten ideas. Tan solo disfruta de nuestra participación.

Cuando te vuelves amigo de Dios, no pierdes la humildad y la obediencia de un siervo, pero tu perspectiva de relación cambia.

Existe un punto en nuestra relación con Dios en el que la obediencia ya no es más el tema principal. Eso tal vez suene blasfemo también, pero es una profunda verdad que Dios quiere revelar a la iglesia de manera más amplia. Existen niveles de relación con Dios que muchos de nosotros no hemos concebido o experimentado, y hasta que no lo hagamos, nuestra colaboración con Dios será más limitada de lo que necesita ser.

EL SUEÑO DE DAVID...

Uno de los ejemplos más extraordinarios de colaboración fue la idea del Rey David acerca del templo. 1 Reyes 8 cuenta acerca de la construcción del templo de Salomón, uno de los sucesos más importantes de La Biblia. En la dedicación del templo, Salomón dijo:

> *Bendito sea Jehová, Dios de Israel, que habló a David mi padre lo que con su mano ha cumplido, diciendo: Desde el día que saqué de Egipto a mi pueblo Israel, no he escogido ciudad de todas las tribus de Israel para edificar casa en la cual estuviese mi nombre, aunque escogí a David para que presidiese en mi pueblo Israel. Y David mi padre tuvo en su corazón edificar casa al nombre de Jehová Dios de Israel* (1 Reyes 8:15-17).

Dios dijo: "No elegí una ciudad, elegí a un hombre, y el templo estaba en el corazón del hombre". Es como si dijera: "El templo no fue mi idea. David fue mi idea". ¡Increíble! La creatividad y los deseos de David hicieron historia porque Dios los abrazó. Esto resulta absolutamente extraño para la mayor parte de nuestra manera de pensar. Esperamos instrucciones y trabajamos duro para reprimir nuestras propias ideas. Pensamos que cualquier cosa que hagamos para Dios debe fluir directamente desde el trono y debe realizarse al pie de la letra, como si fuera un cuaderno de instrucciones del cielo[1]. El enfoque de Dios es diferente. Él se ha hecho vulnerable a los deseos de su pueblo. La historia se desarrolla de acuerdo con lo que nosotros hacemos, lo que oramos, lo que no hacemos y lo que no oramos. Él nos dio principios del Reino que establecen nuestros parámetros. Luego dijo: "¡Soñadores! ¡Acérquense! Soñemos juntos y escribamos la historia de la humanidad".

Deseo...

A veces pensamos que si realmente deseamos algo, no debe ser de parte de Dios. Es como si sirviéramos a un Dios bárbaro que quiere exterminar cualquier cosa que nazca de nuestro corazón. Por el contrario, Dios está enamorado de tus deseos. Quiere ver qué es lo que te mueve. Sí, Él te creó y conoce todo acerca de ti, pero Él solo puede tener comunión contigo cuando te abres en relación con Él. De allí deriva el placer, cuando los sueños y deseos provocan el diálogo y la interacción, y la colaboración comienza.

Durante muchos años, malinterpreté el concepto bíblico de deseo. El Salmo 37:4 nos dice a cada uno:

Deléitate asimismo en Jehová, y Él te concederá las peticiones de tu corazón.

Al igual que muchos pastores, tontamente enseñaba que si te deleitabas a ti mismo en el Señor, Él cambiaría tus deseos al decirte lo que debías desear. Pero no es lo que eso significa en absoluto. Ese versículo literalmente significa que Dios quiere ser impactado por lo que piensas y sueñas. Dios está tras tus deseos. Está tras la intimidad contigo. Él se ha abierto a los deseos de su pueblo. Le gusta el intercambio, al lanzar su idea y esperar tu respuesta. Incluso Jesús dijo: "A quien tú perdones, yo perdono". Colaborar es un gran aspecto del ministerio que muchos de nosotros simplemente no entendemos porque la verdadera amistad con Dios nos es extraña.

Gran parte de la mal interpretación viene porque no sabemos qué deseos provienen de Dios y qué deseos son carnales. La misma palabra deseo está formada por el prefijo de que significa "de" y seo que significa "el Padre". El deseo es, por naturaleza, del Padre. Pero antes de venir a Cristo, nuestros deseos están corrompidos porque el deseo brota de con lo que estamos en comunión. Si estamos en comunión con la avaricia, nuestros deseos serán codiciosos. Si estamos en comunión con la pornografía, nuestros deseos serán perversidad. Si estamos en comunión con el enojo por una herida del pasado, nuestro deseo será venganza.

Pero cuando estamos en comunión con el Padre, nuestros deseos son puros. Recuerda lo que dijo Jesús:

> *Por tanto, os digo que todo lo que pidiereis orando, creed que lo recibiréis, y os vendrá* (Marcos 11:24).

¿Qué deseas cuando estás orando? ¿Qué deseas en el lugar de comunión con el Señor? Una vez que venimos al Reino, el camino angosto y recto del que Jesús habló se vuelve ancho y grande. El Reino es más grande desde adentro de lo que parece desde afuera. Hay lugar para nuestros deseos, nuestra creatividad, nuestras ideas. No pensamos o soñamos de forma independiente de Dios, sino por causa de Él. Básicamente dice: "Te daré una gran idea, y quiero que ella dé forma a cada respiración de tu vida, a cada porción de ministerio, a cada oración. La idea es: "*Como en el cielo, así también en la Tierra*". ¡Ahora ve! Corre con ella. Haz que suceda".

Ese mandato nos hace salir del estado de servidumbre robótica donde constantemente preguntamos: "Señor, ¿debería comer atún o mantequilla de maní en el almuerzo? ¿Quieres que responda el teléfono cuando suena? ¿Debo hablar con esa persona en el comercio, o sigo de largo?" Esa es una forma de dependencia que no siempre le agrada a Dios. En cambio, Dios confía en el corazón del hombre que está perdido en amistad con Él. Al entrar en intimidad con Él, gran parte de lo que sucede es el resultado de nuestros deseos, no solo de recibir órdenes específicas del cielo. Dios comienza a nutrirse de tus deseos, al igual que se nutrió de los deseos de David. El templo ni siquiera pareció ser idea de Dios, pero fue tan buena que Dios la colocó en su libro y la hizo una gran parte de su obra en el planeta. ¡Él hará lo mismo con tus ideas y deseos!

De la misma manera, La Biblia dice que Jesús solo hizo lo que vio hacer a su Padre (ver Juan 5:19). Durante gran parte de mi vida, pensé que eso significaba que cuando Jesús puso barro en los ojos del hombre ciego, por ejemplo, se debía a que vio al Padre hacerlo primero en el espíritu. Todavía lo creo, pero también creo que Jesús decía mucho más que eso. Creo que decía: "Veo lo que mueve al Padre, y yo permito que lo que lo mueve determine mi curso".

Como pastor, sé lo que es ver florecer los sueños de otras personas bajo el paraguas del ministerio de mi iglesia. Pero mi primera preocupación es siempre la agenda de Dios para nosotros. Cuando consideramos a otras personas para nuestro grupo o equipo de liderazgo, la agenda de ellos debe perder prioridad. No presto atención a la agenda de nadie, sin importar cuán sublime sea o cuánto dinero tengan para llevarla a cabo. Estoy inmune a la agenda de otras personas hasta que la dejan y toman la mía, que Dios me ha dado para nuestra iglesia. Solo entonces, sus agendas se vuelven importantes para mí. Sus deseos adquieren vida en mi mente al compartirlos conmigo. Creo que es así como obra el Padre. Al vernos a ti y a mí rendirnos a su agenda, de repente se interesa en escuchar lo que tenemos para decir. El rendirnos y ceder a Él lo hace vulnerable a nuestros sueños. Se vuelve un esfuerzo de colaboración.

Como cualquier esfuerzo de colaboración, la tarea que hacemos con Dios lleva nuestro sello y el de Él. Mi esposa dio a luz a tres de nuestros hijos, y ellos llevan mis rasgos y los de ella. Por eso cuando colaboramos con Dios, el resultado "se parece" a Él y a nosotros. Por ejemplo, cada uno de los cuatro evangelios presenta el mismo mensaje, y sin embargo, cada uno es único y distinto, porque cada uno de los autores era único y distinto. Incluso los actuales avivamientos sucediendo alrededor del mundo se manifiestan completamente diferentes, aunque tienen el mismo Espíritu, porque fluyen a través de personas con distintos dones, personalidades, relaciones y entornos culturales.

Colaborar no se trata de salirnos con la nuestra con Dios. Él no es un botones cósmico para llevar a cabo cualquier deseo que tengamos. Tampoco autoriza cada sueño que se nos venga a la mente. Pero si cancela alguno, solo se debe a que tiene uno mejor en mente. Y Él preferiría mucho más escucharte soñar que acobardarte ante Él para pedirle tu próxima tarea.

Creatividad en abundancia...

El soñar con Dios abre reservas profundas de creatividad en todas y cada una de las personas, en diferentes áreas de dones y talentos. Pero en muchos sectores de la iglesia, la creatividad está bajo llave porque las personas le temen a sus deseos y sueños. La religión, cruel y aburrida, reprime el impulso creativo que Dios ha colocado dentro de cada persona. Cada uno de nosotros tiene el derecho y la responsabilidad de expresarse creativamente en cualquier área de la vida que nos interese. Sin embargo, muchos de nosotros tenemos el horrible hábito de hacer las cosas de la manera en que siempre se han hecho, por razones de temor y seguridad. Descendemos del Creador y aun así nos aferramos a los métodos viejos y agotados. Le pedimos a Dios que haga cosas nuevas a través nuestro, pero esperamos que lo haga de una manera conocida.

Muchos cristianos oran, y cuando su mente comienza a divagar piensan que es el diablo que los está distrayendo. A veces ese puede ser el caso, pero tal vez nuestro "diablo" es muy activo y nuestro Dios muy inactivo. Cuando tu mente comienza a divagar, es posible que Dios esté llevándote a una solución creativa para los problemas. Tal vez hayas estado resistiendo ideas del cielo y manteniendo oraciones rígidas y religiosas. Algunas personas de negocios "pierden el hilo" cuando están orando, pensando acerca de un negocio o una oportunidad, y al final de la oración piensan: "Perdí todo mi tiempo de oración pensando en cualquier otra cosa". La culpa y la condenación vienen sobre ellas cuando Dios en realidad los estaba desviando hacia un tema que estaba en su mente. Él quería que pensaran creativamente y que interactuaran con Él para poder liberar ideas que nunca antes habían tenido.

Una vez, mi tío David me contó que un profesor en una universidad cristiana miró a los estudiantes y les dijo: "¿Cuántos de ustedes quieren ser millonarios?". Todos respondieron: "Yo quiero". Él les dijo: "Esta noche vayan a sus casas y oren, y cuéntenme qué sintieron mientras oraban". Al otro día, se volvieron a encontrar y él les preguntó: "¿Cuántos de ustedes quieren ser millonarios?". Una persona levantó la mano, y esa persona terminó siendo un exitoso hombre de negocios. El punto era que en esta relación con el Señor existe un intercambio en su presencia, y eso da forma a nuestras pasiones y sueños. Desafortunadamente, la religión nos ha programado para cerrar cualquier cosa que pueda ser un deseo personal, entonces dejamos que el mundo a nuestro alrededor sueñe, y nosotros nos reclutamos en sus sueños. Muchos cristianos nunca sienten la libertad de expresar creativamente lo que Dios dice y hace en ellos personalmente.

Cuando era niño, en la escuela, tenía el mal hábito de soñar despierto. Eso se ha transferido a la adultez. Hace poco tiempo, mientras compartía un almuerzo con unos amigos en un restaurante, me encontré pensando acerca del poder sanador de Dios extendiéndose en ese lugar. Estaba soñando despierto ya siendo adulto. Al día siguiente un profeta me profetizó y declaró ciertas cosas que Dios había puesto en mi corazón. Dijo: "Te encuentras soñando despierto..." y describió las cosas de las que soñaba despierto. Luego dijo en la voz del Señor: "¡Todo este tiempo pensaste que eras tú, pero era Yo! ¡Era Yo! Yo estaba haciendo eso; Yo estaba en medio del sueño; Yo era el que lo provocaba en ti".

Los sueños con los ojos abiertos pueden involucrar toda clase de ideas nuevas y creativas. Dios deposita pensamientos originales y formas de expresión que nunca antes hemos tenido. ¿Qué se siente tener al Dios cuyos pensamientos son tan altos como los cielos, hablando en tus pensamientos? ¿Alguna vez te ha sucedido eso? Una vez leí que cada niño de cuatro años es un artista. Luego va a la escuela y le enseñan ciertos estándares de arte, por eso no todos los niños siguen siendo artistas. Yo no diría que el sistema siempre es malo, pero existe un instinto de crear en cada persona que a veces es aplastado.

Cuando mi hijo mayor tenía dos o tres años, encontró unos crayones y dibujó en la pared algo que se parecía al horizonte de la ciudad de Nueva York. Beni y yo pensamos que era hermoso. Por supuesto que no queríamos que volviera a dibujar en la pared, pero cuando venía algún invitado decíamos: "Ven, mira lo que hizo nuestro hijo. Dibujó la ciudad de Nueva York en la pared".

Tiempo después, cuando tenía alrededor de diez años, se quejaba de la clase de lengua. "Papá, ¿dónde voy a utilizar todo esto?", decía. Lo escuché seguir quejándose de la aburrida clase de lengua, y finalmente le dije: "Tal vez deberías prestar mucha atención a la clase de lengua. Tal vez seas uno de esos muchachos que Dios utiliza para escribir libros y necesitarás aprender todo esto". Lo pensó un rato y de repente la clase de lengua adquirió nueva importancia para él.

Inventos ingeniosos...

Hace mucho tiempo, un hombre caminaba por un sendero antes de que existiera la corriente alterna. Debían tener un transformador cada varios metros desde la fuente de poder, a través de todo el trayecto hacia el cual el poder llegaba. Este hombre dejó volar su imaginación acerca del problema, y a los pocos minutos, Dios descargó en su mente el concepto completo de la corriente alterna, que permite que la electricidad viaje miles de kilómetros sin tantos transformadores. Esa sola idea encendió miles de ciudades de costa a costa. Sus sueños con ojos abiertos revolucionaron al mundo.

Eso es a lo que se refiere La Biblia en Filipenses 4:19 cuando dice: *"conforme a sus riquezas en gloria en Cristo Jesús"*. Le preguntaron a un rabino judío acerca de esta frase y respondió: "Significa que Dios, de su esfera de gloria y dominio, liberará a su pueblo ideas, conceptos, cosas creativas e inventos ingeniosos que harán que vengan a ellos grandes provisiones".

Dios no mira la crisis del sida y piensa: "Existe una crisis de la cual nunca pensé. Tan mala que nadie va a descubrir la respuesta al problema". No se inquieta por la ecología, o el hambre o cualquier otro problema que enfrenta el mundo. Pero hasta que los cristianos no decidamos a colaborar con Dios en una creatividad insólita y sueños notorios, no cambiaremos a la sociedad ni al mundo. No podemos depender de Dios para hacer todo. No podemos demandarle que aparezca con alguna solución, debemos colaborar con Él. En mi experiencia personal, cuanto más entro en intimidad con el Señor, más bendice la labor de mis manos con creatividad e ideas nuevas. Ese es el deseo de Dios para todas las personas.

Presta atención a los pensamientos del Reino. No me refiero a la voz estruendosa en el cielo, sino a las ideas frescas que galopan en tu cabeza durante el día. Es completamente posible que sean enviadas por Dios. Algunas personas de negocios caminan al lado de un terreno baldío y "ven" un edificio levantado en ese lugar, pero no se dan cuenta de que Dios les está hablando, llevándolos a pensar creativamente. Algunos músicos tienen una melodía original dentro de la cabeza, pero no la desarrollan. Si prestamos atención, recogeremos las ideas de Dios. Verás, la Iglesia no transformará ciudades a través de continuos encuentros de avivamiento sino al permitir que la creatividad y el poder del Reino fluyan en nuestras comunidades.

¿Cómo sería el tener ideas que transformen un área sumida en la pobreza en un próspero centro comercial? ¿O erradicar una cierta enfermedad? ¿O transformar totalmente la mente de las personas a través de una película, un libro o un CD de música? ¿Por qué crees que ha habido semejante ataque contra los artistas en la

Iglesia? Porque el enemigo quiere separarnos de la fuerza creativa que piensa fuera de la caja. Esas ideas pueden cambiar el mundo.

El árbol de la vida...

Tus deseos, lejos de ser malvados, están destinados a hacerte fuerte y saludable en todas las áreas de tu vida. La Biblia llama al cumplimiento de tus deseos el árbol de la vida. Proverbios 13:12 dice:

> *La esperanza que se demora es tormento del corazón;*
> *Pero árbol de vida es el deseo cumplido.*

Proverbios 13:19 dice:

> *El deseo cumplido regocija el alma;*
> *Pero apartarse del mal es abominación a los necios.*

Cuando tus deseos se cumplen, se vuelven un árbol de vida para ti. El árbol de vida provee continua fortaleza emocional, fortaleza económica, sabiduría, una mente que está a gusto. Ese es el deseo de Dios para ti y para todos los demás creyentes. El árbol de la vida se menciona en tres libros de La Biblia. Primero en Génesis, en el centro del Edén junto con el árbol de la ciencia del bien y del mal (ver Génesis 2:9). Cuando Adán y Eva comieron la fruta prohibida, un ángel bloqueó la entrada al árbol de la vida. No era un castigo, el árbol de la vida le daba un aspecto eterno a cualquier cosa que tocara. En otras palabras, si el hombre pecador hubiera comido del árbol de la vida, la humanidad habría sido encerrada permanentemente en una condición de pecado.

El árbol de la vida se vuelve a mencionar en el libro de Apocalipsis 22:2, en donde una fantástica figura profética de creyentes están comiendo de su fruto. Ese momento permanece en el futuro y por eso el árbol de la vida del libro de Apocalipsis nos cuenta lo que será. Pero también el árbol de la vida se encuentra en Proverbios, como acabamos de leer. El árbol de la vida de Proverbios nos dice lo que puede pasar ahora. Podemos comer el fruto de este árbol en nuestra vida diaria en este tiempo. Dios ha colocado figuradamente este árbol a nuestro alcance, y cada mordisco de este árbol libera en nosotros fuerza y aliento eterno, un sentido de destino y propósito. ¿De dónde nace ese árbol? Del cumplimiento de los deseos dados por Dios a nuestras vidas que son individuales y únicos. El deseo es parte del sistema de Dios, de su economía. Él nos lleva a la intimidad con Él, luego responde a nuestras oraciones y deseos y los contesta. Al hacerlo, libera el aliento de eternidad en nuestra vida.

Cuando nuestros deseos no se cumplen, también sufre nuestro cuerpo y nuestro espíritu. Una de las causas de enfermedad y dolencias es la decepción que nunca se trata de forma redentora. Las personas atraviesan una situación de desilusión y nunca se acercan a Dios para que sane las heridas que brotan de su alma. Inevitablemente el cuerpo físico refleja lo que sucede. Una vez, ministré a una mujer que padecía la enfermedad de Cron; su colon se había estado disolviendo por siete años. Le pregunté si estaba en conflicto con la vergüenza. Ella dijo que sí, y le dije: "Tu cuerpo te está enviando un mensaje. Tu colon se está comiendo a sí mismo. La dureza que tienes contigo misma te está enfermando, y tu cuerpo manifiesta lo que te estás haciendo emocionalmente". Ella se arrepintió de ese pecado e instantáneamente fue sana.

Cuando un árbol de vida crece robusto en nuestra vida, da frutos maravillosos en todas las áreas. La Biblia habla acerca del fruto del Espíritu, amor, gozo, paz, paciencia, y demás. Éstos se producen cuando permanecemos en Cristo, cuando nuestros deseos se cumplen y estamos conectados con Él, la viña.

Ese fruto debería aumentar al pasar el avivamiento y la revelación a través de las generaciones, como veremos a continuación.

Notas

1. Este principio no es anular el hecho de que Dios tiene ideas y planes específicos, los cuales no tenemos posibilidad de cambiar. Es para nuestro beneficio dejar a un lado esos temas concretos. ¿Qué son? Solo puedes aprender mediante la relación.

›› CAPÍTULO 11 ‹‹‹

HEREDAR LO SOBRENATURAL

Hemos heredado toda bendición espiritual en Cristo. ¡Él quiere que descubramos "el poder adquisitivo" de nuestra herencia!

Es el deseo del Señor que el territorio de lo sobrenatural que ocupamos, las esferas de la vida donde demostramos consistentemente su autoridad, crezca más grande y poderosamente al transmitirlo a la próxima generación. La herencia es un concepto bíblico. Proverbios dice:

La casa y las riquezas son herencia de los padres.

Deuteronomio 29:29 dice:

Las cosas secretas pertenecen a Jehová nuestro Dios; mas las reveladas son para nosotros y para nuestros hijos para siempre, para que cumplamos todas las palabras de esta ley.

¿Cuál es el propósito de una herencia natural? Darles a los hijos una ayuda para que no tengan que empezar desde donde lo hicieron sus padres. Entonces no tienen que ahorrar durante diez años para comprarse una casa o comenzar un negocio. Aquellos suficientemente bendecidos para dejarles algo importante a sus hijos les dan una ventaja, con la esperanza de que llegarán más lejos y más rápido en sus vidas. Simplemente no es verdad que todos deben empezar en el mismo punto y pasar por las mismas dificultades. Es un concepto bíblico el que una generación le dé un estímulo a la próxima.

Una herencia espiritual funciona de la misma manera. Le permite a la próxima generación comenzar donde la generación anterior dejó. El propósito de Dios es que nos despertemos a esto, uno de los principios más importantes, y sin embargo, pasados por alto en la vida cristiana. Él quiere que las generaciones transmitan su herencia espiritual. Verás, con una herencia, tenemos gratuitamente lo que otra persona pagó. Algunas veces heredamos cortesías del Señor y no tenemos que pasar por algunos de los procesos que la generación anterior pasó. Eso no encaja con el lema de la época de hacerlo uno mismo, pero es la forma en que funciona con Dios. Es como cuando una persona impone manos sobre otras personas para impartir gracia gratuitamente. Esa es la manera en que las cosas funcionan en el Reino. Vemos a alguien que tiene una gran unción para sanar y le pedimos que ore por nosotros, y desde ese momento, comenzamos a orar por las personas y vemos que suceden cosas que nunca antes vimos. Eso es herencia.

Una herencia espiritual se trata de hacernos más eficaces y eficientes al representar al Rey y a su Reino. No es para nuestra gratificación. Es agradable, placentero, bueno y alentador, pero no es simplemente para el consumo personal. Es para abrir las puertas para que el Rey y su Reino tengan influencia en más lugares que antes.

Una herencia espiritual se diferencia de una herencia natural en una forma clave: una herencia natural nos da algo que nunca antes habíamos tenido. Pero una herencia espiritual corre el velo y revela lo que ya teníamos permiso de poseer. Es por eso que dice: "*mas las reveladas son para nosotros y para nuestros hijos para siempre*"[1]. Lo que se necesita es simplemente la conciencia de lo que ya está allí. Recibir una herencia espiritual es como aprender que años atrás alguien colocó diez millones de dólares en tu cuenta bancaria. Siempre has tenido el dinero, pero ahora tienes la libertad de gastarlo porque tienes el conocimiento de que el dinero está allí y te pertenece. Esto es lo que Pablo trataba de comunicar cuando escribió:

> *Así que, ninguno se glorie en los hombres; porque todo es vuestro: sea Pablo, sea Apolos, sea Cefas, sea el mundo, sea la vida, sea la muerte, sea lo presente, sea lo por venir, todo es vuestro, y vosotros de Cristo, y Cristo de Dios* (1 Corintios 3:21-23).

> *El que no escatimó ni a su propio Hijo, sino que lo entregó por todos nosotros, ¿cómo no nos dará también con él todas las cosas?* (Romanos 8:32).

> *Antes bien, como está escrito: Cosas que ojo no vio, ni oído oyó, ni han subido en corazón de hombre, son las que Dios ha preparado para los que le aman. Pero Dios nos las reveló a nosotros por el Espíritu... Y nosotros no hemos recibido el espíritu del mundo, sino el Espíritu que proviene de Dios, para que sepamos lo que Dios nos ha concedido* (1 Corintios 2:9-10, 12).

Cuando aprendemos acerca de nuestra herencia, de repente tenemos "poder adquisitivo" con Dios. Apelamos a recursos que antes no conocíamos. Cuando una generación le transmite a la siguiente una herencia espiritual, le pasa todo el conocimiento y la experiencia que obtuvo en cierta área espiritual.

La tragedia de los tiempos...

Pero durante dos mil años de historia de avivamientos, ninguna generación ha transmitido eficazmente su avivamiento a la siguiente. Ninguna generación ha ayudado a la siguiente a sostener el impulso de un gran fluir del Espíritu, y luego ha hecho que esta lo lleve al siguiente nivel. Una y otra vez se ha dejado caer la pelota. El territorio espiritual que alguna vez estuvo ocupado se desocupa, y el enemigo viene a recuperar la posesión de su muy familiar campo. Luego de un tiempo, otra generación se levanta, al estar descontenta, comienza a cavar nuevamente los pozos del avivamiento. Pero empiezan en el mismo lugar de antes. Se habían llenado con tierra, simbolizando la humanidad, que está hecha de tierra. Sufrimos contratiempos tras contratiempos de generación a generación y lo que debería ser un punto de traspaso del bastón de mando se vuelve el lugar de comienzo.

Los últimos dos mil años de historia nos demuestran que vendrá un avivamiento y durará entre dos y cuatro años, luego se apagará. Debido a este patrón, se ha desarrollado una rama completa de teología que sostiene que se supone que el avivamiento vendrá periódicamente para darle a la iglesia un nuevo estímulo, nuevo entusiasmo, nuevo hambre, nuevas energías. Pero al decir que el avivamiento es una excepción, una entrada a boxes para cargar combustible, el cristianismo normal se define muy bajo. Más bien diría que el avivamiento no es la excepción; el avivamiento es normal. Las señales, las maravillas y los milagros son tan normales para el evangelio como lo es para ti levantarte a la mañana y respirar. El avivamiento es la vida cristiana; no puedes diseccionarlos. Nunca se suponía que viviéramos una época de nuestra vida fuera del fluir del Espíritu de Dios. Él siempre nos lleva "*de gloria en gloria*" (2 Corintios 3:18). Él es progresista en cada movimiento que hace. La naturaleza de su Reino es que "*lo dilatado de su imperio y la paz no tendrán límite*" (Isaías 9:7).

Lo trágico de la historia es que el avivamiento va y viene, y las generaciones siguientes construyen monumentos alrededor de los logros de la generación anterior, pero no reciben ni ocupan por completo el territorio espiritual que heredaron. Tal vez no quieran pagar el mismo precio que pagaron sus antepasados, o quizá terminen formando organizaciones alrededor de movimientos para preservar y defender la idea pero no la práctica del avivamiento. En cualquiera de los dos casos, heredan un territorio gratuitamente pero no pagan el precio para desarrollarlo, entonces lo pierden. Verás, es posible vivir en un territorio heredado durante un tiempo sin adentrarse en ese territorio. Pero si queremos tomar ese territorio, debemos expandirlo, y para expandirlo deberemos pagar un precio.

La forma más rápida de perder algo es tomar una postura defensiva donde mantenemos lo que tenemos en lugar de trabajar para aumentarlo. Aprendemos eso en la parábola de los talentos, donde Dios condena al hombre que no puso a trabajar su dinero, sino que lo enterró en el suelo (ver Mateo 25). Elegir no expandirse y aumentar, es elegir perder la cosa misma que estamos tratando de proteger.

Este principio se ilustra más aún en Lucas 11:24-26 donde Jesús dijo:

> *Cuando el espíritu inmundo sale del hombre, anda por lugares secos, buscando reposo; y no hallándolo, dice: Volveré a mi casa de donde salí. Y cuando llega, la halla barrida y adornada. Entonces va, y toma otros siete espíritus peores que él; y entrados, moran allí; y el postrer estado de aquel hombre viene a ser peor que el primero.*

Cuando una persona es hecha libre, existe un momento en que se encuentra completamente limpia y purgada de toda la suciedad. Desde ese momento, tiene la responsabilidad de administrar su libertad. Jesús utilizó la imagen de una casa para ilustrarlo. La casa está limpia y barrida, no hay muebles, pero está recientemente renovada y es hermosa. Ahora es la responsabilidad del dueño administrar la casa, colocar muebles, morar en ella y ocuparla. Uno de los mayores problemas es fracasar en ocupar la herencia que se nos ha dado. A través de los años, algunos individuos entraron a un nuevo territorio espiritual: Smith Wigglesworth, Aimee Semple McPherson, A. B. Simpson y muchos otros gigantes de la fe que podríamos nombrar. No comenzaron como gigantes de la fe, pero estaban dotados de una pasión para conquistar los nuevos territorios que nunca antes se habían ocupado, aun cuando toda lógica y razón lucharon en su contra. Eran como las personas en un safari que talan la maleza en la selva para avanzar hacia territorio inhabitado. Estaban cansados de ver ciertos valores en La Biblia y otros valores distintos en la experiencia de ellos. El descontento los hizo avanzar peligrosamente en el territorio que había estado habitado por bestias salvajes, si así lo quieres[2]. Y así comenzaron a poseer el territorio que nadie había tomado de forma continua desde los días de los apóstoles. Lo hicieron a costa de un gran riesgo y sacrificio personal, y entraron en cosas que eran completamente desconocidas para la Iglesia de aquel tiempo.

Pero lo que las generaciones pasadas ganaron no ha sido ocupado y avanzado por aquellas que le siguieron. La casa está barrida y limpia, pero debido a que no fue ocupada, el enemigo regresó siete veces peor que antes. La palabra casa en Las Escrituras puede referirse a un individuo, una familia, una iglesia local, una denominación, incluso tu ministerio, tu don y tu llamado. Nuestra nación está llena de los pozos de las instituciones que una vez avanzaron hacia el territorio espiritual desocupado y luego fueron vueltos a ocupar por el enemigo. Por ejemplo, uno de esos antiguos pozos que quedó desde hace un par de siglos atrás, fue cierta vez un gran centro de avivamiento. Durante una época se volvió casi el punto central de la nación. Si querías ver lo que Dios hacía en el planeta, podías mirar allí. Ese lugar era la universidad de Yale. El objetivo de Yale en ese entonces no era levantar lindas personas cristianas, sino levantar evangelistas llenos del Espíritu Santo. Pagaron el precio de entrar a un territorio inhabitado. Sin embargo, hoy en día, la universidad no levanta evangelistas, sino personas seculares anticristianas.

¿Cómo pasas de ser un centro de avivamiento a una fortaleza secular? Gradualmente, con una generación tras otra, cediendo territorio en lugar de abrazar la herencia. El compromiso comienza cuando fracasamos en mantener lo que se nos ha dado, cuando dejamos de entrar en nuevos territorios, de gloria en gloria. Cuando comenzaron a comprometerse en esa área vital, empezaron a dar marcha atrás. El territorio que una vez ocuparon es habitado por el enemigo y la cosa misma que una vez fue la fortaleza ahora se vuelve la debilidad.

Muéstrame una iglesia o una familia cuyos antepasados entraron en señales y maravillas importantes en la esfera de la sanidad, y puedo asegurarte que si las siguientes generaciones no trabajaron para mantener y expandir los valores anteriores, fueron grandemente afligidas y afectadas por enfermedades. Cuando las victorias de las generaciones pasadas siguen sin ser ocupadas, se vuelven la plataforma desde la cual el enemigo se burla de las victorias de las generaciones pasadas. Aun peor, ese territorio desocupado se vuelve el campamento militar desde el cual el enemigo lanza sus ataques en contra del pueblo de Dios para borrar de su memoria las victorias heredadas. Cuando desistimos de los valores que Dios ha establecido, literalmente invitamos al devorador a destruir.

En lugar de sumar a la obra de John Lake, Smith Wigglesworth, Aimee Semple McPherson, construimos monumentos en sus memorias, y olvidamos lo que deberíamos haber heredado. Aplaudimos los edificios en los que estuvieron, contamos las historias de sus grandes logros, y el lugar que ellos habitaron ahora es ocupado por el enemigo mismo. Y entonces una generación como la nuestra se vuelve insatisfecha otra vez, descontenta al ver que los valores bíblicos están alejados del estilo de vida. Y una vez más debemos cavar nuevamente un pozo, quitar el enfoque humanístico y racional de la vida que niega al Creador mismo y a su relación íntima y personal en los asuntos del hombre. Regresamos a los manantiales de vida y gozo.

Hace cientos de años, un gran evangelista llamado John Wesley comenzó a ocupar nuevo territorio espiritual. Pero primero viajó a Estados Unidos para ser pastor y tuvo muy poco éxito. Abordó un barco para regresar a Inglaterra y estaba deprimido. Durante el viaje enfrentaron terribles tormentas y él temía por su vida, pero en el barco había un grupo de creyentes radicales llamados moravos. Los observó y se dijo: "No conocemos al mismo Jesús".

Ya era pastor, pero como resultado de la presencia y el poder de Dios sobre los moravos, realmente nació de nuevo. Regresó a Inglaterra y se volvió el padre del movimiento metodista, un grupo de evangelistas y creyentes radicales. Miles y miles se reunían en campos para escuchar predicar a Wesley. Realizar las reuniones afuera era totalmente en contra de las costumbres, pero Wesley y George Whitfield quebraron todas las normas de la época. Las personas se trepaban a los árboles para ver a Wesley y él les advertía: "No se trepen a los árboles", porque iba a descender el poder de Dios y los cuerpos se iban a caer de los árboles. Dios se movía en medio de esas reuniones. Los metodistas tenían un eslogan: "Organizados para vencer al diablo". Fueron llamados "meto-distas" porque crearon una estructura, no por la estructura en sí, sino para establecer los límites para que Dios haga algo importante entre ellos. Su proceso de disciplina es legendario. Pastorearon cien mil personas mediante este proceso de levantar líderes que levantarían líderes que levantarían líderes. Es una historia asombrosa.

Y sin embargo, hace poco tiempo, este mismo movimiento ordenó como ministro a una mujer lesbiana. No nos malentendamos, Jesús ama a las lesbianas, pero quiere sacarlas de ese estilo de vida. El punto es que el territorio ganado por John y Charles Wesley, por la esposa de John, por aquellos en liderazgo y por muchos evangelistas olvidados, se perdió. A través de un estilo de vida de riesgo, entraron en un territorio inexplorado, montando caballos de ciudad en ciudad para predicar el evangelio. Wesley colocó una estaca y pasó ese suelo a la siguiente generación, y esa generación construyó monumentos por logros de él mientras ellos retrocedían del territorio que alguna vez él había ocupado, tratando de hacer el evangelio más aceptable, más entendible. Después de todo, no es necesario sufrir toda esa persecución, aguantar que te digan tantas cosas malas. Se retiraron, quizás por un motivo bueno y razonable, pero dejaron un territorio vacío detrás de ellos, y las mismas cosas que eran sus fortalezas –la liberación y la libertad de la esclavitud– se han vuelto sus mayores debilidades.

Existen muchos otros ejemplos a través de la historia, pero el punto es simple. Cada generación de evangelistas ha sido huérfana en lo que se refiere al mover del Espíritu. Cada generación ha tenido que aprender desde cero cómo reconocer la presencia de Dios, cómo moverse en Él, cómo pagar el precio. La respuesta a esta tragedia es la herencia, donde tú y yo recibimos algo de forma gratuita. Lo que hacemos con ella determina lo que sucede en las próximas generaciones. Dios está hablando en serio acerca de regresar por una iglesia gloriosa. Él está hablando en serio en cuanto a que las naciones lo deberían servir, no tan solo una representación simbólica de cada tribu y lengua, sino naciones enteras, grupos de personas enteros atrapados por Dios mismo.

¿Puedes imaginar lo que sucedería si naciones enteras entraran en los dones que tienen de Dios? ¿En el que las canciones de adoración, las declaraciones de Dios y su grandeza y bondad se manifestaran visiblemente en un pueblo? Ese es el corazón de Dios. Pero si queremos llegar allí, debemos entender y abrazar nuestra herencia espiritual. No se suponía que comenzáramos de cero cada dos o tres generaciones. Dios quiere colocar a cada generación en un nivel mayor que la anterior. Cada generación tiene un techo de experiencia que se vuelve el piso de la siguiente generación. Nosotros deshonramos a nuestros antepasados y al gran precio que pagaron para lograr un avance al no mantener y extender lo que ellos lograron. Lo consiguieron con un riesgo muy grande y perseveraron a pesar de las burlas y el rechazo. Las cosas que nosotros hoy en día no apreciamos le costó tremendamente a la generación anterior.

Desafiar el orden natural...

La herencia nos ayuda a cimentar verdad sobre verdad. En lugar de comenzar en cada generación, heredamos ciertas verdades que nos permiten avanzar hacia nuevas áreas. Por ejemplo, cuando llegamos a Cristo, nos volvemos siervos del Dios Altísimo. El servicio es una realidad muy fuerte de nuestra relación con el Señor. Pero existe una verdad superior, que es la amistad. La amistad es mayor que el servicio. Ambas son verdaderas, y no dejamos el servicio para volvernos amigos, pero construimos la amistad sobre la experiencia y la revelación del servicio.

Así es como debemos movernos en el nuevo territorio, al construir precepto sobre precepto. La verdad es progresiva y multidimensional. Se desarrolla constantemente mientras vamos creciendo, aunque nunca se desarrolla en algo que contradice sus cimientos. Existen medidas y niveles de unción que hacen que la realidad de Las Escrituras cambien para nosotros. De hecho, ahora se forma una generación, que oro y creo, caminará en una unción que nunca antes la humanidad vio, incluyendo los discípulos. Esta generación no necesitará ilustraciones naturales para ayudarlos a entender cuál es su tarea espiritual. Se moverán en el terreno espiritual que desafía el orden natural. Dije anteriormente en el libro, que Dios quiere darnos revelaciones y experiencias del cielo que no tienen paralelo terrenal. Jesús le dijo a Nicodemo:

> *Si os he dicho cosas terrenales, y no creéis, ¿cómo creeréis si os dijere las celestiales?* (Juan 3:12).

Jesús utilizó dos ejemplos naturales para ilustrar la vida cristiana. Uno fue el parto y el otro el viento. Luego dijo que tenía más para decir acerca de las realidades espirituales que no tenían paralelo terrenal. Esto es importante, porque somos agentes de las esferas celestiales. Estamos aquí como embajadores asignados, que tienen dominio sobre el planeta, para representar el nombre de Dios, para hacer lo que hizo Jesús. ¿Qué tan buenos somos si no podemos entender ni operar en las esferas espirituales que no tienen paralelo con lo natural? Pero mientras las generaciones abracen su herencia, creo que nos moveremos en la época de la que Jesús habló que desafía el orden natural. Permíteme explicarlo.

Existen principios naturales por los cuales vivimos y trabajamos en las cosas del Espíritu. Entendemos cosas espirituales a través de imágenes naturales. Comparamos el evangelismo con la cosecha, porque estamos familiarizados con el proceso de arar la tierra, prepararla para que pueda recibir la semilla, luego plantar, regarla, cuidarla y cosecharla. Pero Jesús quería que entendiéramos las realidades espirituales que no tienen ilustración natural. Jesús dio una revelación que desafía lo natural al decir:

> *He aquí os digo: Alzad vuestros ojos y mirad los campos, porque ya están blancos para la siega* (Juan 4:35).

Él quería decir que con una revelación superior no atada al orden natural, cada día es un día de cosecha. No existe el esperar hasta la época correcta. Esas personas que parecen imposibles de ganar para el Señor, se ganarán instantáneamente, sin siquiera sembrar, preparar ni cuidar la tierra, si tu unción está a la altura de la revelación que Jesús tiene para nosotros en Juan 4:35. La unción en la generación que sigue será tan grande y suficiente que el orden natural de las cosas no tendrá validez. Con una unción y una revelación inferiores, debemos vivir bajo los principios y las restricciones naturales para lograr resultados espirituales. Pero Jesús trajo esta revelación, que es casi aterradora. Él dice: "*Alzad vuestros ojos*", queriendo decir: "De la manera en que ven las cosas en este momento, no pueden obrar en la revelación que quiero darles. Pero hay algo disponible para una generación siguiente en la que la unción será tan grande que todas las personas estarán listas para la cosecha".

Jesús caminó en semejante unción, llevando el Espíritu sin medida, que instantáneamente desafiaba los principios naturales que ilustraban las verdades espirituales. Cuanto más recibamos el poder y seamos guiados por el Espíritu de Dios, tanto más nuestras vidas desafiarán los principios naturales que liberan realidades espirituales. No es que los principios de la cosecha ya no sean verdad. Son tan verdaderos como siempre, pero son reemplazados por una verdad superior. Lo que solía tomar meses o años, ahora lleva semanas o días para resolverse.

Piensa en el endemoniado gadareno en Marcos 5. Hoy en día, la iglesia trataría a ese hombre de una manera distinta a la que Jesús lo hizo. No hace mucho tiempo que los cristianos ni siquiera oraban por las personas dementes o trastornadas. Los enviábamos a los manicomios y a los médicos para que resolvieran su problema. Ahora, al menos, tenemos el coraje de orar por ellos, y estamos viendo grandes logros. Desórdenes de personalidad múltiple y personas que han sufrido abusos de ritos satánicos salen adelante con la oración, y lo que solía estar más allá de nuestra esfera de fe ahora puede cortarse con la unción que tenemos. Pero todavía dudo en pensar si haríamos lo que hizo Jesús: ¡envió al hombre a ministrar justo después de haberlo salvado! Probablemente insistiríamos en que pasara el largo proceso de sanidad y liberación antes de confiarle la posición de ser el encargado de evangelismo de la región. Con la unción promedio que tenemos como pueblo, lo haríamos pasar por meses de asesoramiento, y muchas clases de entrenamiento para asegurarnos que está depurado. Pero cuando la unción aumenta, ésta desafía a las leyes naturales cada vez más. Sabrás que aumenta porque chocará contra las fronteras y límites de fe dentro de los que solías vivir.

El siguiente es otro ejemplo: Jesús se acercó a la higuera, que no tenía ningún fruto. No era la época de dar frutos. Pero de todas maneras la maldijo. ¿Por qué? Porque Él tiene el derecho de esperar frutos imposibles. Él nos pide frutos que son imposibles de producir. Antes dije que no es normal para un cristiano no tener apetito por lo imposible. Es completamente anormal; es una deformidad que surge de la decepción y/o la mala enseñanza.

Recuerda la promesa de Amos 9:13:

> *He aquí vienen días, dice Jehová, en que el que ara alcanzará al segador, y el pisador de las uvas al que lleve la simiente; y los montes destilarán mosto, y todos los collados se derretirán.*

Eso ilustra este mismo principio. Debemos alzar nuestros ojos para ver desde su perspectiva. Una visión/revelación mayor hace que una unción mayor esté disponible, si procuramos fervorosamente los dones espirituales[3]. ¿Cómo sabemos si hemos alzado los ojos lo suficiente? Porque podemos ver de forma diferente: todos están preparados para la cosecha. ¿Cómo es que el que siega alcanzará al que cosecha? Las etapas de crecimiento ya no están limitadas por las leyes naturales de la siembra y la cosecha, sino que se han vuelto sobrenaturales por naturaleza. El campo hace crecer al mismo tiempo en que se lo cosecha y se lo planta. Las estaciones se están superponiendo. ¿Por qué? Porque una generación abrazó su herencia espiritual y en ese nuevo territorio la unción es lo suficientemente fuerte como para desafiar los límites naturales en que la iglesia ha vivido durante siglos.

SIGUE A LOS GENERALES...

Nos encontramos en las primeras etapas de la estación llamada crecimiento acelerado. Creo que bajo la misericordia y la gracia de Dios es posible compensar los cientos de años de fracaso en estas áreas. Es posible, si deseamos derramar nuestras vidas, hacer el trabajo preliminar para que otra generación venga y utilice nuestro techo como su suelo, para construir sobre él, para traer las cosas de la iglesia al lugar donde deben estar.

Proverbios 13:22 dice: "*El bueno dejará herederos a los hijos de sus hijos*". La rectitud hace que nos demos cuenta que nuestras decisiones diarias afectan a muchas generaciones siguientes. Debemos aprender a sembrar por el bienestar de una generación que tal vez no vivamos para ver.

Pienso en mi padre, que fue un gran general del ejército de Dios. Lo que mi iglesia y yo experimentamos en este momento es mucho más de lo que yo solía soñar. Pero mucho, sino todo, se debe a que mi papá pagó el precio. Lo observaba cuando yo era joven. Lo observaba seguir adelante como un precursor, soportando tanta crítica y rechazo. Expuso con integridad lo que era valorar la presencia de Dios por sobre todas las opiniones y apoyo del hombre. Le costó mucho, pero dejó una herencia rica para nuestra familia, al igual que para la iglesia de nuestra región.

Durante los últimos cinco días de su vida, veinte o más miembros de la familia estaban con mi papá, alabando y ministrando a Dios, porque eso es lo que él nos había enseñado. Él nos enseñó que en todas las situaciones diéramos honor a Dios. Él nos mostró la manera. Por eso estuvimos con él hora tras hora, adorando, dando gloria a Dios, orando, compartiendo testimonios, contando historias familiares, encontrando tiempo para descansar entre turnos, y luego volviendo a cantar. Hicimos esto durante veinticuatro horas por día en un ciclo constante. Y luego murió. Y lloramos. Hicimos todas las cosas dolorosas que hacen las familias. Estábamos muy apenados por nuestra pérdida, pero contentos por su premio.

Luego le dije a todos los miembros de la familia que estaban allí: "Papá llevaba un manto que no puede dejarse tirado aquí. Una familia entera debe tomarlo. Tenemos la obligación de construir sobre su techo, no de defender y proteger lo que alcanzó, sino llevarlo a un resultado natural y caminar en las esferas del dominio que son posibles gracias a su sacrificio". Cada individuo, desde el más joven hasta el más anciano, rodeó la cama antes de que nadie lo llevara y oramos: "Señor, recibimos ese manto de gracia que se encuentra sobre este hogar debido al precio que este hombre pagó".

No me importa si eres la primera generación de cristianos, o si tu familia ha estado en la iglesia por generaciones. Por la revelación tienes acceso a una herencia que está más allá de tu imaginación, de tus sueños más salvajes. Se lo debemos a las generaciones en el pasado que ocuparon el territorio debido a que pagaron el precio para traérnoslo a nosotros. Se lo debemos a nuestros padres, a nuestros abuelos, y a nuestros bisabuelos. Se lo debemos a nuestros hijos, y a sus hijos. Antes de que Jesús regrese, la comunidad de los redimidos caminará bajo la influencia de su herencia, cuyo arquitecto y constructor es Dios[4]. Habrá una generación que entrará en la revelación acumulativa del evangelio completo. Habrá una generación que alzará sus ojos y verá una época sobrenatural en que cada persona se pueda cosechar ahora, y tendrá la unción necesaria para llevarlo a cabo.

Mi clamor es que pueda ver estas cosas durante mis días de vida, así que estoy dando mi vida por ello. Pero les he dicho a mis hijos y a los jóvenes que pastoreo: "Si no llegamos allí juntos, sigan adelante. No dejen que las opiniones de los hombres los cambien, sino sean cambiados por el valor que ustedes den a la presencia de Dios. Cualquier precio que paguen al reclamar más territorios para Dios bien vale el intercambio".

Notas

1. Deuteronomio 29:29
2. Éxodo 23:29
3. 1 Corintios 14:1
4. Hebreos 11:10

PARA MÁS INFORMACIÓN

Bill Johnson
Bethel Church
933 College View Drive
Redding, CA 96003

Página web: www.iBethel.org

Esperamos que este libro
haya sido de su agrado.
Para información o comentarios,
escríbanos a la dirección
que aparece debajo.

Muchas gracias.

Peniel

info@peniel.com

www.**peniel**.com

Cualquier persona puede estar rodeada de milagros... ¡usted también!

Si no hay milagros en su vida, usted está viviendo muy por debajo de lo que le pertenece por derecho de nacimiento. *Cuando el cielo invade la Tierra* presenta un fundamento cuidadosamente elaborado para experimentar el poder sobrenatural de Dios, y nos brinda todo lo necesario para vivir milagros todos los días.

BILL JOHNSON no solo enseña lo sobrenatural, también lo imparte, hace cambiar así nuestra forma de pensar.

¡Si alguna vez quiso vivir y caminar en medio del poder sobrenatural de Dios, esta es su oportunidad!

Peniel

peniel.com

Libros para siempre

Destruya las raíces y los efectos de la mentalidad de mendigo

De mendigo a príncipe revela su verdadera identidad como hijo del Rey de reyes: usted es heredero real del Reino eterno de Dios.

Kris Vallotton y Bill Johnson denuncian la mentalidad de pobre que tienen muchos creyentes, y presentan su herencia real a través del acto último de redención de Cristo.

Las experiencias personales y sobrenaturales de los autores lo convencerán de su propio estatus real y lo inspirarán a reclamar el regalo de la herencia personal de su Padre, el Rey de reyes.

Peniel

peniel.com

Libros para siempre